Réussir sa lettre de motivation

DANIEL POROT

L'EXPRESS

Sommaire

Introduction : comment rester motivé ? .... page 7
Les 12 règles d'or .... page 8

Partie 1
Rédiger une lettre de motivation .... page 9
- Quel style dois-je choisir ? .... page 10
- Ma lettre doit-elle tenir sur une page ? .... page 12
- Quels papier et enveloppe dois-je choisir ? .... page 13
- Comment rassembler la matière première pour rédiger une lettre ? .... page 14
- Comment décrire mes réalisations passées ? .... page 16
- Comment mettre en valeur mes réalisations passées ? .... page 19
- Quel type de langage dois-je privilégier ? .... page 21
- Quel plan dois-je suivre ? .... page 23
- Dois-je laisser planer un peu de mystère ? .... page 25
- Dois-je préciser que je vais relancer l'interlocuteur par téléphone ? .... page 26

Partie 2
Répondre à une offre d'emploi .... page 27
- Comment décupler mes chances ? .... page 28
- Dois-je répondre, même si je ne possède pas tous les critères demandés ? .... page 31
- Dois-je envoyer une lettre manuscrite ou dactylographiée ? .... page 31
- Comment étendre mon champ de recherche grâce à une offre d'emploi ? .... page 34
- Comment savoir qui se cache derrière une « offre d'emploi » anonyme ? .... page 35
- Comment répondre à une offre d'emploi qui ne définit pas le profil du candidat ? .... page 36
- Dois-je répondre à une « offre d'emploi » très ancienne ? .... page 37
- Dans quels délais dois-je répondre à une offre d'emploi ? .... page 38
- Comment évoquer la question du salaire ? .... page 39
- Quels sont les différents types de lettres pour répondre à une offre d'emploi ? .... page 40
- Existe-t-il d'autres moyens d'entrer en contact avec un employeur ? .... page 56

Partie 3
Expédier une candidature spontanée ... page 61
- Quelles sont les clés du succès d'une démarche spontanée ? ... page 62
- Comment rédiger une L.O.V.E. (Lettre pour Obtenir Vite un Entretien) ? ... page 65
- Quelles informations dois-je faire apparaître dans une L.OV.E ? ... page 66
- Puis-je envoyer ma lettre par mail ? ... page 72
- Dois-je joindre mon CV ? ... page 73

Partie 4
Démission, demande d'information ou de stage : autres types de lettres ... page 77
- Comment rédiger une lettre de démission ? ... page 78
- Comment collecter de l'information ? ... page 80
- Comment obtenir un stage ? ... page 82

Partie 5
Et après ? ... page 85
- Dois-je envoyer une lettre avant l'entretien ? ... page 86
- Dois-je écrire une lettre après l'entretien ? ... page 88
- Puis-je demander par écrit des références à mon ancien employeur ? ... page 91
- Que dois-je faire si une entreprise reste silencieuse ? ... page 93
- Comment utiliser l'écrit après une proposition d'emploi ? ... page 96
- Puis-je utiliser l'écrit pour annoncer mon embauche ? ... page 101

Annexe ... page 104
- Des exemples de paragraphes ... page 104
- Le dossier de candidature ... page 108
- Des exemples de lettres de motivation envoyées en candidatures spontanées ... page 112

Présentation de l'expert ... page 126

Index ... page 127

Remerciements

Ce livre n'aurait pas pu être écrit sans la contribution :

• de milliers de personnes en mutation professionnelle (demandeurs d'emploi, candidats sur le départ, personnes en poste...) qui ont participé activement à nos cours, stages et autres séminaires ;
• de centaines de CP (conseillers en personnel), consultants des secteurs public et privé et autres bénévoles prescripteurs de nos interventions ;
• des responsables d'organismes publics et d'entreprises privées qui nous soutiennent et nous font confiance ;
• des animateurs et intervenants de notre groupe ;
• et enfin de l'équipe administrative de notre groupe (Silvana, Shqipe, Fati, Dominique, Angelo, Adel et Ildephonse).

Avertissement

Avis aux Dames et Demoiselles,

Le masculin a été choisi pour tous les acteurs de cet ouvrage. C'est pourquoi vous y trouverez : il, le, celui-là, le candidat, le recruteur, l'ami, l'époux, le secrétaire, l'assistant...

L'autre formule : elle/il ou il/elle, celle-ci/celui-ci ou celui-ci-/celui-là, la/le ou le/la, candidat(e), ami(e), assistant(e)... aurait rendu la lecture lourde et plus pénible.

Nous avons donc opté pour une formule légère et plus souple. Merci de votre compréhension.

Daniel Porot — **Introduction**

Comment rester motivé ?

Pour obtenir le job que vous désirez et dans lequel vous vous épanouirez, le passage obligé est très souvent l'écrit. Or, si vous ressemblez à la majorité des demandeurs d'emploi, vous n'aimez pas écrire ou pensez que vous n'avez pas de don particulier dans ce domaine. C'est pour vous que ce livre a précisément été écrit ! Car il rendra cette opération plus supportable, et plus efficace. L'objectif étant bien sûr de taper dans l'œil du recruteur qui lira votre prose.

La lettre de motivation, aussi importante dans le processus de recrutement qu'elle est redoutée par les chercheurs d'emploi, répond à un certain nombre d'exigences. Celles-ci sont largement présentées dans ce livre, à l'exception d'une : aucun ouvrage ne peut guider votre plume aussi bien que la motivation qui vous animera au moment de répondre à une annonce ou d'envoyer une candidature spontanée – les deux exercices répondant à des règles un peu différentes – pour un poste ou une fonction ou un univers qui vous attire... La lettre de motivation porte, en effet, très bien son nom : plus vous serez motivé et sincère, plus vous aurez des facilités à l'écrire.

Les nombreux exemples fournis dans ce livre ont avant tout pour vocation de vous aider dans la construction de la lettre, de vous éviter des erreurs bêtement éliminatoires, de vous faciliter la tâche. Mais pas de modèle type ni de propos à recopier tels quels : les recruteurs attendent des chercheurs d'emploi qu'il s'approprient la fonction à laquelle ils postulent en liant l'entreprise, le service, le poste ou le produit à leurs réalisations passées ou à leurs qualités.

Pour y parvenir, pas de secret : une bonne dose de curiosité envers la structure à laquelle vous proposez vos compétences, une grande capacité à analyser votre parcours et à le lier au poste convoité, un effort de ciblage, et une énorme motivation...

12 règles d'or

1 Fixez-vous des priorités et éliminez l'accessoire
(Voir « Quel style dois-je choisir ? ») — page 10

2 Laissez parler les événements pour vous
(Voir « Comment décrire mes réalisations passées ? ») — page 16

3 Évitez d'être trop « vendeur » (Voir « Comment mettre en valeur mes réalisations passées ? ») — page 19

4 Ne montrez pas la moindre hésitation ou manque de confiance en vous (Voir « Comment mettre en valeur mes réalisations passées ? ») — page 19

5 Utilisez le langage de votre destinataire
(Voir « Quel type de langage dois-je privilégier ? ») — page 21

6 Consacrez un paragraphe à l'entreprise à laquelle vous écrivez (Voir « Quel plan dois-je suivre ? ») — page 23

7 Avant d'envoyer une candidature spontanée, renseignez-vous sur l'organisation, le destinataire, le contenu de la fonction (Voir « Quelles sont les clés du succès d'une démarche spontanée ? ») — page 62

8 Adressez votre candidature spontanée à une personne précise (Voir « Quelles informations dois-je faire apparaître dans une L.O.V.E ? ») — page 66

9 Évitez de passer de la pommade à votre interlocuteur
(Voir « Quelles informations dois-je faire apparaître dans une L.O.V.E ? ») — page 66

10 Évitez d'utiliser une lettre de démission pour polémiquer, démontrer que vous avez raison, prouver votre « bon droit » (Voir « Comment rédiger une lettre de démission ? ») — page 78

11 Utilisez votre réseau pour collecter de l'information
(Voir « Comment collecter de l'information ? ») — page 80

12 Remerciez à l'aide d'une lettre toutes les personnes ayant donné soutiens, avis, conseils, informations et appuis durant votre recherche d'emploi
(Voir « Puis-je utiliser l'écrit pour annoncer mon embauche ? ») — page 101

Partie 1

Rédiger une lettre de motivation

Il en va de la lettre comme du CV : chacun de ces documents doit souscrire à des règles immuables de présentation. Ne pas les connaître revient à s'exposer à un atterrissage express dans la poubelle la plus proche. Même si la lettre ne fait pas l'embauche, elle révèle quelque chose de votre personnalité ; alors, autant que ce « quelque chose » fasse bonne impression.

La clé de la réussite – on ne le dira jamais assez – est de cibler les entreprises contactées et d'adapter son discours à chaque fois… C'est aussi de composer votre lettre comme si vous étiez une personne indépendante et à son compte qui écrirait à des clients potentiels, des organisations pour leur proposer ses services, sous forme de mandat ou de mission.

L'objectif est donc de décrire ce que vous avez fait et de mettre en valeur vos savoirs, savoir-faire et savoir-être. Vous devez prouver que vous avez su et pu résoudre avec succès des problèmes dans la vie professionnelle ou extra-professionnelle. Pour convaincre, vous devez rassembler la matière première que constitue votre parcours, l'analyser, la trier, réfléchir à sa présentation et la rédiger.

MORCEAUX CHOISIS

- « Évitez les fioritures, les formules ampoulées, les phrases interro-négatives. »
- « Faites l'inventaire de vos réalisations passées. »
- « Parlez la langue de votre lecteur, pas la vôtre. »

Quel style dois-je choisir ?

Un style direct, sans fioritures ou style ampoulé, sans auto-promotion excessive non plus : autant de garanties pour être lu !

Règle de base

Utilisez un style direct. Écrivez comme si vous parliez à votre lecteur. Évitez les fioritures, les formules ampoulées, les phrases interro-négatives. Ne vous laissez pas aller non plus : les formules familières - « boîte » au lieu d'entreprise par exemple - sont à proscrire.

Quant à la construction des phrases, souvenez-vous de la vieille règle :

phrase = sujet + verbe + complément

« Je » ou « J'ai »

Le « Je », « J'ai » en début de phrase gêne certaines personnes (aussi bien lecteurs, qu'auteurs). Vous pouvez très facilement leur substituer :
- Avec l'aide...
- En favorisant...
- En mettant...
- En utilisant...
- Grâce à...
- La société XYZ m'a confié...
- Nous...
- Sans aucun...
- Suite à...
- Travaillant comme...

Des phrases caractéristiques

Pour que vos phrases soient bien tournées, c'est-à-dire agréables à lire, percutantes et convaincantes, elles doivent avoir les 5 caractéristiques suivantes.

Rédiger une lettre de motivation

Orthographe et ponctuation

▶ Dans un premier temps, utilisez dictionnaire, grammaire ou vérificateurs et correcteurs orthographiques et grammaticaux de votre traitement de texte. Dans un deuxième temps, faites relire par 3 personnes au moins. Une faute d'orthographe peut lourdement pénaliser un texte. Quant à la ponctuation, reportez-vous à son usage tel qu'il est défini dans le dictionnaire, ou mieux, dans un livre de grammaire. ◀

- **Claires :** Rédigez en partant du principe que votre lecteur est par nature hermétique et sceptique.

- **Actives :** Préférez toujours le style actif au style passif.

Ne dites pas...	Dites plutôt...
Le ciment a été livré par les 7 camions.	Les 7 camions ont livré le ciment.

- **Convaincantes :** Souvenez-vous que le début de vos phrases a le plus grand poids.
  Si vous voulez mettre « l'absentéisme » en avant :

Ne dites pas...	Dites plutôt...
Le personnel masculin a vu son taux d'absentéisme baisser...	L'absentéisme est tombé pour le personnel masculin...

- **Courtes :** Visez 12 à 14 mots par phrase.
  Ne dépassez jamais 20 mots.
  Choisissez ce que vous voulez dire et limitez-vous à cela.
  Éliminez les mots parasites.
  Ordonnez vos idées.
  Fixez-vous des priorités et éliminez l'accessoire.

Réussir ses lettres de motivation

> Les grands spécialistes du publipostage - mailing - recommandent de bannir l'usage du « si » car il ouvre la porte au « non ». N'utilisez le « si » que si vous êtes certain que la réponse de votre destinataire est positive.

Partez de votre lecteur et calez-vous sur lui.
Repérez les mots clés et construisez des phrases autour de chacun d'eux.
Transformez vos subordonnées en phrases principales.

○ **Positives :** Rédigez plutôt des phrases positives que négatives.

Ne dites pas...	Dites plutôt...
Il n'y avait pas le moindre document sur les postes de travail.	Les postes de travail étaient toujours vides.

De l'importance des mots

○ **Ménagez votre lecteur.** Utilisez des mots :
→ **clairs :** faites la chasse aux mots sophistiqués. Supprimez ou traduisez les termes étrangers : notez leur traduction entre parenthèses ;
→ **précis :** remplacez les mots vagues par des termes appropriés ;
→ **simples :** indiquez l'étymologie de certains mots en illustrant par des exemples. Soyez le plus bref possible et substituez des mots simples aux mots complexes ou, si vous ne pouvez les éviter, donnez-en la signification entre parenthèses.

Ma lettre doit-elle tenir sur une page ?

Plus vous serez synthétique et clair, plus vous serez lu. N'oubliez pas : les recruteurs, en premier tri, passeront 15 secondes sur votre candidature.

_____ Rédiger une lettre de motivation

Lettre manuscrite : quelques évidences !

Il faut avant tout :
- utiliser une feuille de papier blanc de format A4 ;
- ne pas dépasser une page ;
- utiliser de l'encre bleue ou noire ;
- écrire droit ;
- adopter l'écriture la plus lisible possible ;
- éviter les ratures ;
- apposer votre signature en bas de la page...

Une page

Aucune règle n'existe dans ce domaine. Mais, une lettre qui comporte une accroche, 1 à 3 paragraphes, une demande d'entretien et une clôture, tient habituellement sur une page. C'est une taille convenable et recommandée.

Quels papier et enveloppe dois-je choisir ?

Faites simple, à moins que vous souhaitiez vous démarquer dès l'ouverture de la lettre... À vos risques et périls !

Couleur, poids et texture

Choisissez de préférence un papier blanc. Vous ne prenez ainsi aucun risque. Dans certains cas, envisagez, si vous tenez à vous démarquer, un papier élégant du style chamois, blanc cassé ou gris. Limitez-vous à utiliser du papier à 80 gr/m².

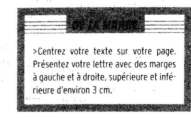

>Centrez votre texte sur votre page. Présentez votre lettre avec des marges à gauche et à droite, supérieure et inférieure d'environ 3 cm.

Vous pouvez également choisir d'adopter un papier riche en coton. Les spécialistes vous diront que le contact aux doigts est plus agréable et qu'il prolonge ainsi la tenue de la feuille dans les mains de votre lecteur... donc vos chances d'être lu avec attention.

La bonne enveloppe

◯ *Quatre options s'offrent à vous :*
- → l'enveloppe « carrée » (C6). Elle est très peu utilisée dans le monde des affaires ;
- → l'enveloppe « oblongue classique » (C6/5). Elle vous oblige à plier votre document en 3 ;
- → l'enveloppe « demi format » (C5). Vous devrez plier votre document en deux ;
- → l'enveloppe « grand format » (C4). Elle est assez volumineuse, mais votre lettre arrive intacte sur le bureau de votre destinataire.

Vous pouvez, si vous le souhaitez, noter votre adresse :
- → soit au verso (dos) de votre enveloppe ;
- → soit au recto de votre enveloppe en haut et à gauche en toutes petites lettres.

N'incluez pas d'enveloppe ou de timbre pour la réponse. C'est un geste délicat de votre part, mais il pourrait être mal interprété (incitation à répondre).

Comment rassembler la matière première pour rédiger une lettre ?

Avant de vous lancer dans la rédaction de lettres, la toute première étape consiste à vous retourner sur votre passé et à vous remémorer ce que vous avez fait dans les domaines professionnels ou extra-professionnels.

Rédiger une lettre de motivation

Des répercussions sur l'entretien

Si, lors d'un entretien, le recruteur doit vous poser lui-même 5 à 6 questions pour vous faire quantifier vos réalisations passées, il risque de penser ou de croire que :
- vous n'avez pas préparé l'entretien ;
- vous avez une image négative de vous, une tendance à vous dévaloriser ;
- vous êtes mal organisé ;
- vous êtes un incapable ;
- vous n'avez jamais eu d'intérêt pour vos postes passés ;
- vous n'êtes ni efficace, ni rentable ;
- vous n'avez jamais eu, dans vos emplois précédents, le souci de la mesure de votre efficacité ;
- vous n'avez pas de mémoire ;
- vous ne gérez pas votre vie, vous n'avez aucune maîtrise sur les éléments et vous vous laissez porter par les événements ;
- vous ne vibrez pas, vous manquez d'enthousiasme.

Rédigez des paragraphes

Pour chacune des actions que vous pourrez recenser, il vous suffira d'écrire 1 à 3 petits paragraphes de 3 à 5 lignes chacun pour la relater et la mettre en valeur.

Si vous n'avez que peu ou pas d'expérience professionnelle, fouillez dans vos activités de loisirs, vos stages et autres petits travaux qui vous ont aidé à joindre les deux bouts.

Chacun de vos paragraphes doit faire ressortir au moins 1 trait de votre personnalité et prouver que :
→ vous avez eu l'occasion de créer et d'innover ;
→ vous avez su prendre des décisions ;
→ vous avez effectivement exercé avec succès des responsabilités ;
→ Vous avez obtenu des résultats concrets.

3 étapes

La production des paragraphes est toujours assez laborieuse. Afin de la rendre moins ardue, travaillez en 3 étapes. Faites d'abord l'inventaire de vos réalisations passées. Retrouvez ensuite des preuves tangibles de ce que vous avez réalisé (faits, chiffres, pourcentages...).

Mettez enfin votre matière première en forme. Lorsque vous aurez rédigé 10 à 15 paragraphes, stockez-les sur des fiches ou sur le disque dur de votre ordinateur.

Comment décrire mes réalisations passées ?

L'étape suivante consiste à quantifier ou à factualiser ces réalisations passées. Ne recherchez pas des chiffres impressionnants, mais donnez des preuves, citez des faits.

Supprimez les adjectifs et les adverbes

Le fait d'utiliser des adjectifs ou adverbes vous oblige à porter des jugements de valeur sur des tâches/missions que vous avez réalisées. Supprimez-les. Laissez parler les événements pour vous. Remplacez ces adjectifs et adverbes par des chiffres, des pourcentages, des ratios...

Ne dites pas...	Dites plutôt...
Foudroyant	Moins de 6 mois
Remarquable	127 %
Sensible	1 200 000
Important	Plus de 1 200

_____ **Rédiger une lettre de motivation**

Ne dites pas...	Dites plutôt...
Une forte hausse	Une hausse de 24 %
Un grand nombre de magasins	182 magasins
De gros stocks	8 millions de stock
Passé à une base supérieure	Passé de l'indice 100 à 132
Très fort taux	Taux de 17 %
Nombreux clients	127 clients
Grand succès	1 200 visiteurs
Une très grande entreprise de distribution de roulements à billes, ayant une forte part du marché	Une entreprise distribuant 25 000 000 euros de roulements à billes par an (2e rang du pays)

Évitez les approximations

Ne dites pas...	Dites plutôt...
Approximativement...	Au moins...
Certaines...	Plus de 25...
Environ...	Plus de 10...
Plus ou moins...	Plus que...
Une douzaine...	12...
Une soixantaine...	Plus de 50...

Présentez vos nombres en chiffres et non en lettres

N'écrivez pas quatre mais 4... Ainsi vos nombres auront plus de chances d'être lus. Les chiffres que vous citez ne sont pas destinés à impressionner votre destinataire ; leur but est de rendre crédible ou d'authentifier l'action que vous avez menée. Montrez à votre lecteur que vous avez le souci de la mesure de votre efficacité, à travers des actions dont vous avez eu l'initiative ou dont vous avez été responsable.

Réussir ses lettres de motivation

Droit d'inventaire

Pour dresser l'inventaire de vos réalisations antérieures, repérez, dans la liste ci-dessous, les verbes de talents correspondant à des actions que vous avez réalisées dans votre vie professionnelle et extra-professionnelle. Chacun de ces verbes sert de point de départ à la rédaction d'un paragraphe de quelques lignes qui décrit chacune de vos réalisations et met en valeur votre savoir, savoir-faire ou savoir-être.

- Accomplir
- Acquérir
- Activer
- Adapter
- Administrer
- Améliorer
- Aménager
- Analyser
- Budgéter
- Commercialiser
- Communiquer
- Conceptualiser
- Conduire
- Conseiller
- Consolider
- Contracter
- Défendre
- Définir
- Diversifier
- Éditer
- Éduquer
- Éliminer
- Élire
- Embaucher
- Employer
- Enregistrer
- Entreprendre
- Étudier
- Faire participer
- Faire valoir
- Financer
- Identifier
- Imaginer
- Implanter
- Importer
- Inciter
- Juger
- Lancer
- Liquider
- Louer
- Maintenir

... Utilisez un dictionnaire ou un livre de grammaire pour compléter cette liste...

Évitez les abréviations et les sigles

N'utilisez pas d'abréviation du style M, m, et/ou K€. N'écrivez pas cinq millions mais 5 000 000. Quant aux sigles, vous devez soit les remplacer par le texte qu'ils résument, soit les faire suivre de leur signification entre parenthèses. Exemples : BTP (bâtiment et travaux publics); NTIC (nouvelles technologies de l'information et de la communication), etc. Quelques exceptions : SNCF, EDF...

Utilisez soit des valeurs absolues, soit des pourcentages

Les deux formules sont possibles. Utilisez les pourcentages chaque fois que des chiffres exprimés en valeur absolue sont inadaptés ou confidentiels. Dans les autres cas, utilisez des valeurs absolues.

Comment mettre en valeur mes réalisations passées ?

Sélectionnez dans vos réalisations tout ce qu'elles comprennent de valorisant : un cadre, des résultats, un délai...

Le cadre

Si le cadre dans lequel vous avez évolué au moment de l'action est valorisant, décrivez-le.

○ *Parlez des aspects positifs des choses.*

Ne dites pas...	Dites plutôt...
3 % d'échec...	*97 % de succès...*
Je n'ai jamais fait de...	*Je n'ai pas encore eu l'occasion...*
Je n'ai pas assumé...	*J'ai pris la responsabilité...*
Négatif...	*Positif...*

○ *Ne dites pas à votre lecteur qu'il a des problèmes.* Ne vous présentez pas comme son « sauveur ». Au mieux, dites par exemple : « ... les problèmes classiques que traversent les entreprises qui évoluent dans votre secteur... »

○ *Restez prudent et non trop affirmatif.* Évitez d'être trop « vendeur ». Laissez les chiffres parler pour vous et le lecteur tirer lui-

Réussir ses lettres de motivation

> ### Attention à la confidentialité
>
> Veillez à ne pas divulguer d'informations confidentielles. Avant de publier des chiffres, des taux qui ont un caractère confidentiel..., demandez à votre ancien employeur s'il ne voit pas d'inconvénient à ce que vous le fassiez. Remerciez-le par une lettre confirmant l'autorisation qu'il vous aura donnée verbalement.

même les conclusions qui s'imposent. Ne dites surtout pas : « Voici ce que je peux faire chez vous. » Limitez-vous à dire : « Voici ce que j'ai fait ailleurs. » Ou utilisez une formule du genre : « ... peut être transférable. »

○ **Soyez déterminé.** Ayez un style déterminé et ne montrez pas la moindre hésitation ou manque de confiance en vous.

Ne dites pas...	Dites plutôt...
Il est possible...	Les faits démontrent que...
J'envisage de...	J'ai décidé de...
Je cherche...	Je suis intéressé/attiré par...
Je ne sais pas...	Il faut que j'y réfléchisse...
Je souhaite...	J'ai décidé de...

Les résultats et délais

○ **Précisez toujours le résultat** atteint et utilisez-le éventuellement pour débuter votre paragraphe. Si ces performances ou ces résultats atteints l'ont été au sein d'une équipe, précisez-le tout simplement : « Au sein d'une équipe de 4 personnes, nous avons mis en place un système de consolidation comptable qui a permis de réduire de 5 jours ouvrables le délai de clôture et d'affiner les résultats en réduisant le taux d'erreur à 7 %. »

○ **Quant au délai,** mentionnez-le seulement s'il s'agit d'une performance. Par exemple : «... nous avons réussi, dans un délai de 5 mois, à informatiser l'ensemble de la comptabilité. »

Quel type de langage dois-je privilégier ?

Parlez la langue de votre lecteur, pas la vôtre.

Langage/Transférabilité/Cadre de référence

Les résistances à l'embauche sont toujours très fortes de la part des employeurs et traduisent leur insécurité. Tenez donc compte du cadre de référence de votre interlocuteur.

Ayez sans cesse le souci de la cohérence entre le chiffre que vous citez et le cadre de référence de votre interlocuteur. Prenez bien en considération ce qui lui est familier.

Vous pourrez éviter toute maladresse si vous étudiez soigneusement le cadre de référence de votre destinataire et si vous respectez ce cadre en présentant une donnée (ou une information selon les cas), soit en pourcentage, soit en valeur absolue.

○ *Par exemple :*
Ne dites pas que vous « avez augmenté un parc de 240 à 1800 véhicules » si celui de l'entreprise à laquelle vous vous adressez n'est que de 15 unités ! Ne citez pas « un taux de croissance de 55 % par an » à une organisation qui croît au rythme de son secteur, c'est-à-dire, de 7 % l'an.

Après vous être renseigné sur votre destinataire, vous saurez si, pour désigner la même chose...

Réussir ses lettres de motivation

... il vous faut dire	... ou plutôt dire
• Gain de 2,4 % du marché	• Gain de 260 000 000 francs
• Réduction de 70 %	• Réduction de 80 000 francs
• Allongement du crédit d'un an	• Allongement du crédit de 1/3
• Une réduction des frais de 17 %	• Une réduction des frais de 270 000 francs

Une question de vocabulaire

○ *Utilisez des mots adaptés.* Comme cela a été dit précédemment, non seulement le fond doit être adapté à votre interlocuteur, mais également la forme : votre vocabulaire. Parlez - autant que faire se peut - la langue de l'autre. Utilisez des mots de son univers. Ainsi, remplacez le mot « salade » par : produit frais, produit périssable, produit à faible valeur ajoutée, produit vendu en grande surface, produit utilisant 3 canaux de distribution. Ou bien « voyage en charter par : produit grand public, service de transport, produit à prix bas, service attaqué en permanence par la guerre des prix, produit difficilement différenciable.

Employez des mots et expressions valorisants. Surveillez les mots que vous utilisez.

Ne dites pas...	Dites plutôt...
Adjoint	Bras droit
Âge	Expérience
Chômage	À un carrefour, assez rapidement disponible, hors poste, indépendant, période de formation professionnelle, phase active de recherche d'emploi, phase finale de choix, un tournant dans ma carrière
Demandeur d'emploi	Offre de services
Difficultés	Réorganisation, restructuration, tension
Plusieurs	Plus de n...

Rédiger une lettre de motivation

Problème	Confiance, défi, demande, domaine privilégié, opportunité, point à résoudre, préoccupation, responsabilité, ressource, sécurité, solution, verrou, zone prioritaire, zone rouge, chance
Risque	Économique, efficace, élargi, optimisé, rapide, ressources, sécurité, simple, verrou
Stage	Action, intervention, mandat, mission, responsabilité
J'ai dû	On m'a choisi pour, je ne sais pas si...
On m'a demandé de...	J'ai été choisi pour..., j'ai été pressenti pour..., j'ai obtenu..., la société m'a chargé de..., la société m'a confié...

Quel plan dois-je suivre ?

Quid du plan « Vous », « Moi », « Nous » ?

Canevas général

Vous avez le choix : soit le premier paragraphe porte sur l'entreprise, c'est ce qui est communément appelé le « vous », soit vous commencez directement par le « moi ». Ces canevas ne constituent en rien des modèles idéaux de lettre de motivation : si vous optez pour le « vous », « moi », « nous », les trois paragraphes peuvent être fondus ou bien le deuxième mis à la place du premier : il peut, en effet, être plus facile de commencer par mettre en avant vos atouts. L'important est de dédier au moins un paragraphe aux aspects de l'entreprise ou du poste ou du produit, etc. qui vous donnent envie de

> **Limitez vos paragraphes** à 5 lignes dactylographiées. Développez une seule idée par paragraphe. Deux idées perturbent le lecteur et réduisent votre impact. Soignez la cohérence.

> **Vos phrases** doivent se rapporter au même sujet et découler logiquement les unes des autres.

Réussir ses lettres de motivation

Attention au jargon

Si vous présentez vos réalisations passées en utilisant un vocabulaire, des termes, des chiffres, des ratios… qui sont totalement étrangers à votre lecteur, il ne pourra pas apprécier ce que vous avez fait. Au mieux, il le comprendra, mais vous percevra comme quelqu'un d'étranger à son secteur. Vous devez donc faire un effort de traduction et un travail de rapprochement pour présenter ce que vous avez fait dans la langue de votre destinataire.

● Par exemple, ne dites pas « biréacteur B-77 » mais « un investissement de 10 millions d'euros ».
Utilisez le langage de votre destinataire, c'est lui faire prendre conscience que votre expérience est transposable.

● Si ce que vous avez réalisé l'a été dans l'alimentaire… et que vous vous adressez à une entreprise de confection pour enfants, ne dites pas : « promotion de yaourts » ; dites plutôt : « promotion de produits destinés aux moins de 10 ans ».

● Si ce que vous avez réalisé l'a été dans l'informatique… et que vous vous adressez à une entreprise de matériel dentaire, ne dites pas : « dépanné 3 réseaux par jour » ; dites plutôt : « réalisé 3 interventions service après-vente par jour ».

● Si ce que vous avez réalisé l'a été dans le domaine des lessives… et que vous vous adressez à une entreprise d'informatique, ne dites pas : « j'ai augmenté les ventes de 1,7 % » ; dites plutôt : « J'ai augmenté les ventes de 7 millions. »

● Budget : citez-le uniquement s'il est remarquable ou s'il a été respecté. Par exemple : « … et ceci a été réalisé en respectant scrupuleusement les limites budgétaires. »

postuler et au moins un paragraphe aux atouts, réalisations, qualités qui démontrent que vous êtes la personne de la situation.

○ **À noter** que le « nous » n'est autre que ce que vous pouvez envisager ensemble : chercher un emploi revient, en fait, à chercher

Rédiger une lettre de motivation

Quelques erreurs à éviter

Une bonne lettre de motivation est une lettre équilibrée, qui en dit assez, mais pas trop, enthousiaste sans être prétentieuse, percutante sans tomber dans une flatterie excessive. Évitez donc :
→ de vanter les mérites de la structure en des termes trop éloquents. La flatterie excessive est en effet mal vue par les recruteurs ; elle paraît systématiquement peu empreinte de sincérité.
→ de mettre en valeur ses succès en listant des chiffres que votre interlocuteur connaît par cœur (son chiffre d'affaires, son portefeuille de marques, etc.) ;
→ de reprendre mot pour mot les propos tenus sur le site ou les brochures de la structure, dans la description de la culture d'entreprise ou des objectifs de celle-ci par exemple. L'important est de vous réapproprier ce discours ; cela ne pourra que contenter le recruteur et lui montrera que vous avez non seulement fait preuve de curiosité, mais que vous maniez déjà le langage « maison ».
→ de ne parler que de vous – sans évoquer l'interlocuteur –, et ce en des termes peu modestes. Là aussi, il y a un équilibre à trouver entre une mise en valeur bien sentie et une auto-promotion excessive.

un partenaire en vue de former un couple : chacun doit pouvoir apporter des choses à l'autre. Pour ce faire, l'expression « dans l'attente de vous rencontrer », suivie des formules de politesse d'usage (exemple : « Je vous prie d'agréer, Madame et/ou Monsieur, l'assurance de mes sincères salutations) sied parfaitement.

Dois-je laisser planer un peu de mystère ?

À cette question, la réponse est « oui ». Laissez planer un peu de mystère de façon à donner à votre lecteur envie d'en savoir plus... et de vous convoquer à un entretien.

Quelques exemples

Laissez planer le mystère : rien de plus simple. Voici quelques formules qui sauront attiser la curiosité de vos lecteurs :

«... par 3 méthodes simples applicables à votre entreprise » ;
«... par une méthode utilisée en Hollande » ;
«... par une méthode qu'aucune société de votre secteur n'a encore utilisée » ;
«... par une méthode très simple, sans surveillance régulière. » ;
«... par une technique que peu de personnes connaissent. » ;
«... par une méthode dont la rapidité surprend » ;
«... par une méthode particulière » ;
«... de façon très simple » ;
«... par une méthode de négociation peu utilisée » ;
«... par une stratégie légère ».

Dois-je préciser que je vais relancer l'interlocuteur par téléphone ?

Dans ce domaine, pas de règle absolue.

Deux écoles

○ *La première école* recommande d'annoncer votre intention de téléphoner. Mais vous risquez alors de mettre la puce à l'oreille de votre interlocuteur qui peut alors demander à son assistant de vous faire barrage (alors qu'il n'y avait peut-être pas pensé). L'avantage est que ceci vous lie moralement et vous oblige pratiquement à le faire. Lorsque vous appelez, vous pouvez utiliser la formule : « Nous étions convenus de nous recontacter. »

○ *La seconde école* préconise de ne pas annoncer votre intention de téléphoner. Vous gagnez alors en effet de surprise en gardant l'initiative.

Partie 2

Répondre à une offre d'emploi

Lorsqu'une organisation doit remplacer l'un de ses membres ou créer un poste, elle recherche habituellement le candidat dans son personnel. Si l'opération de recrutement interne n'est pas envisagée ou n'a rien donné, l'organisation peut faire publier dans la presse une offre d'emploi pour trouver le nouveau titulaire dans le marché dit « ouvert ». Ce mode de recrutement nécessite un tri sévère car le nombre de postulants est considérable. Si vous décidez de tenter votre chance sur cette voie, il vous faut élaborer une stratégie et choisir une méthode. Nous allons vous y aider.

MORCEAUX CHOISIS

- « Une règle d'or : préparez-vous avec soin. »
- « Pour chacun des critères cités dans l'offre d'emploi, trouvez un exemple tiré de vos activités passées. »
- « Sachez vous montrer sous votre profil le plus flatteur. »

Réussir ses lettres de motivation

Comment décupler mes chances ?

L'annonce présente ses critères, à vous d'y répondre point par point.

Écrire pour être lu

Répondre à une offre d'emploi consiste tout simplement à prouver que vous possédez les n critères requis. Ainsi, si la petite annonce recherche un candidat dynamique, à vous de démontrer par 1 ou 2 exemples de votre passé professionnel ou extra-professionnel que vous possédez une nature dynamique. Si vous avez choisi d'adresser une lettre de candidature, la première étape à franchir est d'être lu. Or, l'excès de détails et le hors sujet sont des motifs d'élimination qui ne pardonnent pas ; le recruteur les utilisera sans

Annonce, mode d'emploi

Ces annonces comportent 3 grandes familles d'informations :
→ des informations sur l'organisation qui recrute ;
→ des informations sur le poste à pourvoir ;
→ des informations sur le candidat recherché.

● *Les informations sur l'organisation qui recrute* vous servent à vérifier d'un coup d'œil si cette société correspond à ce que vous recherchez, et si elle se situe dans un secteur économique qui vous attire.

● *Les informations sur le poste à pourvoir* vous donnent un résumé de la description de la fonction à tenir. L'annonce vous présente habituellement de 3 à 10 tâches-clés ou missions de base que le candidat recruté devra assumer.

● *Les informations sur le candidat recherché* correspondent aux n critères (4 en moyenne) auxquels il faut satisfaire pour postuler. Il s'agit de critères objectifs ou subjectifs.

Répondre à une offre d'emploi

> ### Les sources
>
> ▶ Ne vous limitez pas aux sources classiques d'annonces. Ratissez toutes les sources existantes. Voici les plus fréquentes :
> → presse écrite : quotidiens, hebdomadaires, mensuels généraux ou spécialisés ;
> → presse audiovisuelle : radio, télévision ;
> → Internet, Minitel et autres banques informatiques de données ;
> → organismes officiels. Dans certains de ces organismes, toutes les annonces de la presse sont découpées, microfilmées et mises à votre disposition (c'est par exemple le cas à l'APEC, Association pour l'emploi des cadres) ;
> → offres d'emploi de l'ANPE ;
> → associations d'anciens élèves ;
> → bulletins d'associations ;
> → panneaux d'affichage des grandes entreprises ;
> → syndicats professionnels ;
> → ... ◀

scrupules pour réduire sa pile de réponses. En ne fournissant que les informations demandées, votre dossier évitera d'aller à la corbeille à papier comme 95 % des autres. Une règle d'or : préparez-vous avec soin et manifestez-vous en adoptant la méthode qui vous semblera la plus apte à faire naître l'intérêt chez votre correspondant ; ce but atteint, il vous proposera un entretien.

Préparer une réponse

Pour chacun des critères cités dans l'offre d'emploi, trouvez un exemple tiré de vos activités passées. Présentez cet exemple sous la forme d'un petit paragraphe de 3 à 5 lignes comportant un résultat chiffré ou une illustration.

○ *Pour réaliser cette démonstration*, utilisez autant de paragraphes que de critères :

Réussir ses lettres de motivation

→ 1 critère = 1 paragraphe ;
→ 3 critères = 3 paragraphes ;
→ 7 critères = 7 paragraphes.

Des exemples de paragraphes sont donnés en annexe, page 104.

Les petites annonces

● Selon diverses enquêtes effectuées auprès d'entreprises, la petite annonce reste le mode de recrutement le plus utilisé par les recruteurs pour embaucher. Ainsi, une enquête du magazine *L'Usine nouvelle** fait apparaître que les entreprises ayant recruté dans l'année avant le déroulement de l'enquête ont utilisé les petites annonces à hauteur de 51,2 %. Les modes de recrutement suivants sont l'embauche de CDD et la candidature spontanée. Enfin, les relations, la cooptation, le bouche à oreille tendent à devenir des modes de recrutement importants, notamment pour les PME/PMI. Car la publication de petites annonces entraîne un taux de déchet considérable au regard du nombre conséquent de réponses. Dans ce domaine, les chiffres varient de 50 à 3 000 réponses, la moyenne se situant habituellement entre 100 et 250 dossiers. Pas étonnant qu'à la question « Comment avez-vous obtenu vos 2 derniers emplois ? », une enquête** a montré que moins d'un candidat sur 3 (re)trouve un emploi en répondant à une annonce « offre d'emploi ».

● La concurrence étant extrêmement vive, pour réussir il vous faut imaginer des stratégies pour vous démarquer par rapport aux autres candidats. C'est l'objectif de ce livre. À noter, cependant, que le moyen le plus sûr d'être retenu via ce mode de recrutement est de cibler sa candidature, de préparer son argumentation et de mettre en valeur ses expériences au regard du poste proposé !

* *Enquête auprès de 258 entreprises françaises appartenant à tous les secteurs industriels.*
** *Enquête menée auprès de 8 109 candidats, ayant expédié en moyenne 24 réponses à des annonces « offres d'emploi ».*

Dois-je répondre, même si je ne possède pas tous les critères demandés ?

L'important est de se montrer sous son meilleur jour, même si ce dernier ne correspond pas totalement aux critères annoncés.

Ne tendez pas le bâton...

Une offre d'emploi présente en moyenne 4 critères pour définir le profil du candidat recherché. Si vous ne les possédez pas tous, mais que le poste et l'organisation vous attirent, n'abandonnez surtout pas et ne vous découragez pas. Repérez parmi toutes les méthodes qui vous sont présentées ci-dessous, celles qui vous permettront le mieux d'atténuer ce petit handicap (par exemple : la demande d'information, la fausse candidature spontanée ou la description de fonction, la méthode de la visite impromptue...).

Sachez vous montrer sous votre profil le plus flatteur (c'est-à-dire le moins pénalisant) !

Dois-je envoyer une lettre manuscrite ou dactylographiée ?

C'est l'une des questions que vous vous posez le plus fréquemment. Graphologie oblige !

Deux formules

Il est bien sûr impossible, dangereux, voire stupide de répondre par « Toujours manuscrit » ou par « Toujours dactylographié ». Cela dépend des circonstances. Lorsque vous répondez à une offre d'emploi, l'essentiel est de prouver (à l'aide d'exemples précis et vécus) que vous avez les talents et les connaissances nécessaires.

Réussir ses lettres de motivation

Pour faciliter votre choix, voici quelques informations qui vous aideront à le faire. L'indécision provenant, dans 98 % des cas, d'un manque d'information sur les avantages, inconvénients, conséquences possibles... de l'une ou l'autre des deux formules.

Avantages et inconvénients de chacune des deux formules

	Lettre manuscrite	Lettre dactylographiée
	Avantages	**Inconvénients**
Caractère	Donne une touche personnelle, peut créer la différence, est un signe de politesse envers le destinataire.	A un caractère impersonnel et une allure standard.
Normalisation	Fournit l'apparence du « sur mesure ».	Présente une apparence « standard » et « passe-partout ».
Premier tri	Ne sera pas éliminée dès le début si un document « manuscrit » est exigé dans l'annonce.	Risque d'être immédiatement éliminée si un document « manuscrit » est exigé dans l'annonce.

	Inconvénients	**Avantages**
Pénibilité	Est difficile à élaborer et, surtout, prend du temps.	Est assez facile à produire et plutôt rapide à élaborer.
Professionnalisme	A un petit côté « artisanal ».	A un côté « professionnel ».
Lisibilité	Présente le risque de ne pouvoir être lue et/ou d'irriter le lecteur par une écriture difficile à déchiffrer.	Présente la certitude de pouvoir être lue sans aucune difficulté.
Esthétisme	Risque de « faire tache » si la présentation n'est pas parfaite ou rigoureuse.	A un impact qui ne peut être que neutre ou positif.

Répondre à une offre d'emploi

La graphologie ou l'analyse de l'écriture

● *Le risque que vous prenez*, en envoyant une lettre manuscrite, est que celle-ci soit soumise à une analyse graphologique (en le sachant ou sans le savoir), que cette analyse soit négative et provoque votre élimination. Tout lecteur (qu'il soit ou non formé à l'analyse graphologique) ne peut s'empêcher d'avoir un sentiment sur une personne, en voyant son écriture. Chacun d'entre nous, sans avoir une formation dans le domaine de la graphologie, est tenté de porter un jugement ou d'avoir un sentiment à la vue d'un document manuscrit.

● *Par ailleurs, beaucoup d'études* ont été faites sur la pertinence et/ou validité de l'analyse graphologique. C'est un débat sans fin. Beaucoup de notions sont étudiées et soulevées pour réaliser ces études, entre autres, ce qui est appelé les « dérives sémantique ». Par « dérives sémantiques » entendez le sens des mêmes mots pour différentes personnes. Ainsi « goût de l'action » ou « introversion » peuvent vouloir dire deux choses différentes pour un psychologue graphologue et pour un responsable hiérarchique.

● *Quelles sont les différentes stratégies à adopter dans ce domaine ?*
Si vous faites une démarche spontanée, personne ne vous a demandé d'écrire... donc personne ne vous a demandé d'envoyer une lettre manuscrite. Envisagez d'envoyer une lettre dactylographiée, cela diminuera le risque de ne pas être invité à un entretien.
Si vous répondez à une annonce qui spécifie « Lettre de motivation manuscrite », demandez-vous si :
→ en envoyant une lettre dactylographiée vous serez automatiquement éliminé ;
→ l'entreprise a noté cette précision parce que :
– les autres recruteurs le font ;
– et/ou elle l'a toujours fait ;
– et/ou elle trouve que cela fait « bien et sérieux ».
Maintenant, à vous de bien choisir la conduite à adopter dans chaque cas, de prendre la bonne décision et d'élaborer votre stratégie gagnante. Que cette preuve soit présentée « à

Réussir ses lettres de motivation

la main » ou « à la machine » est, somme toute, assez secondaire. Il s'agit d'une question de forme et non de fond. Choisissez donc la forme qui vous convient le mieux ou qui diminue vos risques d'être éliminé. Mettez-vous surtout à la place du lecteur qui va recevoir entre 15 et 80 réponses !

● *À noter* que vous pouvez toujours demander si votre lettre de motivation sera remise aux mains d'un graphologue, et à quel moment de la sélection il intervient. Cela vous donnera des indications sur l'importance relative accordée à ses conclusions. Pour certaines entreprises, l'étude de l'écriture n'est là que pour apporter des compléments d'information, pour d'autres, elle tient une place tout à fait centrale dans le recrutement. Si c'est le cas, vous n'avez pas d'autres choix que de vous y soumettre. Refuser un tel examen, c'est s'assurer de se faire très mal voir !

Comment étendre mon champ de recherche grâce à une offre d'emploi ?

Une entreprise publie une offre d'emploi, mais pourquoi ne pas aller voir du côté de ses concurrents en leur envoyant une candidature spontanée ?

Les concurrents

Lorsqu'une offre d'emploi est publiée par une organisation pour un poste précis, une technique originale et souvent efficace consiste :

→ à répondre à cette annonce ;
→ à envoyer une lettre de candidature spontanée aux 5 à 10 concurrents les plus directs de cette organisation qui a fait paraître l'offre d'emploi en postulant auprès de ces organisations concurrentes précisément pour le poste décrit dans l'annonce.

Répondre à une offre d'emploi

Votre lettre peut éventuellement inclure une photocopie de l'annonce ou y faire tout simplement référence. Commencez votre lettre en disant : « C'est à la lecture de cette annonce que je me suis décidé à vous écrire. » Ou, au contraire, ignorez-la, mais faites une allusion très discrète en disant : « Le poste de... est manifestement devenu stratégique pour certaines entreprises de votre secteur... »

Comment savoir qui se cache derrière une « offre d'emploi » anonyme ?

Selon une enquête du Cabinet Daniel Porot, sur 1 200 annonces « offre d'emploi » presse prises au hasard, plus de 40 % de ces dernières ne mentionnent pas le nom de la société qui recrute.

Quatre méthodes

Quatre méthodes - qui relèvent plutôt de la « guérilla » - permettent de découvrir l'organisation qui se cache derrière une annonce « offre d'emploi » anonyme.

◯ *Utilisez une procédure légale et lourde* qui permet, dans certains cas, de faire lever l'anonymat. Vous risquez de vous fermer (sans doute à tout jamais) la porte de l'entreprise.

◯ *Demandez à l'une de vos relations*, qui a le profil parfait pour le poste, de poser sa candidature. Pour convoquer votre relation, l'entreprise doit se dévoiler. Votre relation vous passe alors l'information que vous recherchez et abandonne sa candidature. Vous pouvez alors expédier une « candidature spontanée ».

◯ *Si le domaine d'intérêt de l'entreprise* est précisé sur l'annonce « offre d'emploi » et est relativement étroit, il vous suffit de téléphoner à toutes les entreprises de ce secteur pour demander une

> ### Pourquoi des annonces anonymes ?
>
> ▶ À la place du nom de l'organisation figure : soit le nom du cabinet de recrutement chargé de la sélection, soit un chiffre ou un numéro. L'insertion d'une annonce « offre d'emploi » anonyme peut être décidée par exemple :
> → pour éviter que le personnel n'apprenne prématurément le départ d'un cadre ;
> → pour s'épargner d'avoir à affronter les pressions d'amis ou relations désirant mettre en avant un protégé ;
> → pour dissimuler à la concurrence les choix stratégiques que pourraient dévoiler les caractéristiques demandées à un futur dirigeant. ◀

copie de l'annonce « offre d'emploi » que vous n'avez pas vue et dont on vous a parlé.

○ *Si l'annonce « offre d'emploi »* a été placée par un cabinet de recrutement, faites de même, téléphonez-lui. Demandez-leur de vous envoyer la copie de l'annonce « offre d'emploi » qu'ils ont fait paraître pour la société XYZ (citez alors le nom le plus probable de l'organisation qui se cache derrière l'anonymat).

Comment répondre à une offre d'emploi qui ne définit pas le profil du candidat ?

Cette forme d'annonce est dite « nue » car elle ne précise pas les caractéristiques auxquelles doit correspondre le candidat recherché.

Deux techniques

Habillez l'annonce en la complétant par les critères qu'elle aurait dû contenir pour définir le profil du candidat. Pour habiller une annonce « offre d'emploi », vous disposez de 2 techniques.

_____ **Répondre à une offre d'emploi**

○ *La technique de l'enquête sur le terrain* : renseignez-vous auprès de 4 ou 5 personnes (qui occupent une fonction semblable à celle décrite sur l'annonce).

Demandez-leur tout simplement quels sont les critères (talents et connaissances) essentiels pour réussir dans ce poste.

○ *La technique de l'enquête sur annonces* : prenez 100 annonces recherchant des candidats pour le même type de poste. Repérez sur chacune de ces annonces les critères demandés de façon à identifier ceux le plus souvent exigés.

Que vous ayez fait une enquête sur le terrain ou une enquête en salle, complétez alors cette offre d'emploi par les 4 ou 5 critères les plus souvent cités et utilisez alors la méthode de réponse à annonce qui vous semble la moins mauvaise pour obtenir un entretien.

Dois-je répondre à une « offre d'emploi » très ancienne ?

Certains candidats pratiquent la technique du ratissage. Il s'agit tout simplement de répondre à des offres d'emploi parues il y a 6, 7,... 12, 13, 14 mois dans la presse !

On ne sait jamais

Vos chances sont faibles, mais elles existent car il peut s'agir d'entreprises :
→ qui bougent et recrutent sans cesse ;
→ qui ont confié à la personne « recrutée » une tâche différente de celle originellement prévue ;
→ dont le candidat recruté n'a pas fait l'affaire.

Réussir ses lettres de motivation

Vous pouvez éventuellement, dans votre lettre, y faire allusion avec une phrase du style : « Vous devez être assez surpris par une réponse aussi tardive à votre annonce parue le 12 mars 2004 dans le journal *Les Nouvelles* pour un poste de chef-adjoint de publicité. Néanmoins, il est possible que ma lettre vous intéresse... »

Dans quels délais dois-je répondre à une offre d'emploi ?

Différents points de vue s'opposent dans ce domaine.

Le lièvre, la tortue et le renard

○ *Première école : « le lièvre »*. Elle vous recommande de répondre très rapidement afin :
→ d'être lu le premier (donc avec une plus grande attention);
→ de montrer au lecteur le très grand intérêt que vous avez pour le poste à pourvoir.

○ *Seconde école : « la tortue »*. Elle vous préconise d'attendre 2 à 3 semaines afin :
→ de montrer que vous n'êtes pas désespérément à la recherche d'un emploi;
→ de bénéficier de l'indulgence du recruteur qui sera moins exigeant après la lecture de nombreuses candidatures peut-être médiocres;
→ d'être lu le premier (si le recruteur fait une pile de dossiers afin de les traiter en bloc, le vôtre, arrivé le dernier, se trouvera au sommet de la pile!).

○ *Troisième école : « le renard »*. En réalité, au lieu de vous poser la question de savoir s'il vous faut répondre « tôt » ou « tard » à une annonce, essayez plutôt de « bien » répondre.

La seule chose que l'on puisse affirmer est qu'une annonce parue dans un quotidien demande une réponse plus rapide que celle parue dans un mensuel. Si vous souhaitez que les choses aillent vraiment plus vite, faxez votre réponse. La plupart des entreprises admettent fort bien ce mode de transmission du courrier personnalisé. Un inconvénient toutefois : son manque de discrétion.

Comment évoquer la question du salaire ?

C'est une question périlleuse... Il est donc recommandé de ne pas l'aborder et d'éluder le sujet.

Le silence est d'or

Certaines offres d'emploi vous demandent d'indiquer vos prétentions de salaire ou les salaires que vous touchiez dans vos derniers emplois. Souvent, également, lorsqu'on vous demande de remplir un curriculum vitae standard, il existe une rubrique salaire « à renseigner ». Il s'agit de l'une des questions les plus périlleuses à aborder. Les grands spécialistes de la négociation sont formels dans ce domaine : évitez de répondre et éludez le sujet !

Le « prix » est la toute dernière chose à aborder en entretien. Face à cette question, vous pouvez :
→ ne rien dire et faire l'impasse ;
→ soit noter :
1. « À aborder en cours d'entretien » ;
2. « À aborder en cours d'entretien après avoir défini les responsabilités exactes, l'aspect hiérarchique du poste, les possibilités de promotion et de formation ».

Réussir ses lettres de motivation

Quels sont les différents types de lettres pour répondre à une offre d'emploi ?

Dans les pages qui suivent, plusieurs méthodes de réponse à une offre d'emploi vont vous être proposées.

Exemple d'annonce

CHAÎNE DE 7 HOTELS DE LUXE

Nous existons depuis 40 ans.
Nous sommes spécialisés dans l'hôtellerie d'affaires.
Nous cherchons pour entrée immédiate, un

**DIRECTEUR ADJOINT
(RESPONSABLE ADMINISTRATIF)**

Nous demandons : · parfaite maîtrise de la communication orale et écrite,
· facilité de contacts avec des milieux variés,
· très bonne maîtrise des méthodes modernes de gestion.

Nous offrons : · place stable à responsabilités,
· ambiance de travail agréable,
· salaire intéressant.

Les candidats répondant à ces exigences sont priés de faire des offres manuscrites avec curriculum vitae, photo, certificats, références
à l'adresse suivante :
Hôtel La Chevillère – M. J. Destinataire - Directeur du Personnel
27, rue de l'Espoir, 26088 ZIELBOURG

Lettre de motivation et CV

○ *Description*

Envoyez :

→ une lettre de motivation ;
→ un curriculum vitae.

Ces 2 documents sont parfois accompagnés de photos et de certificats de travail.

Répondre à une offre d'emploi

C'est la méthode la plus traditionnelle et la plus fréquemment utilisée. Une enquête* montre que sur 100 réponses à une annonce « offre d'emploi » qui utilisent cette méthode, 92 échouent (entraînent une réponse négative ou restent sans réponse).

* Source : Cabinet Daniel Porot. Enquête menée auprès de 8109 candidats, ayant expédié en moyenne 24 réponses à des annonces.

Si vous devez utiliser cette méthode, faites en sorte que :
→ votre lettre reprenne les critères demandés dans l'annonce et fournisse pour chaque critère la preuve tangible que vous possédez la caractéristique requise ;
→ votre curriculum vitae soit concis, bref et le plus adapté possible à l'annonce ; choisissez une formule chronologique, antichronologique, fonctionnelle avec employeurs, fonctionnelle sans employeurs ou allégée... selon le cas.

○ Exemple

*RÉF. : Votre annonce "offre d'emploi" "Directeur adjoint"
parue dans "LE JOUR" du 12 mai 2004.*

Monsieur,
L'annonce que vous venez de faire paraître a retenu toute mon attention. Vous recherchez un candidat qui présente les 3 caractéristiques reprises ci-dessous.

1. Maîtrise de la communication orale et écrite
Une société de services, très soucieuse de son image, m'a confié la responsabilité de la conception, de l'élaboration et de la distribution d'un bulletin bimensuel diffusé à 3500 exemplaires. Mes responsabilités incluaient également la diffusion interne (aux 170 membres du personnel) du projet d'entreprise et des résultats mensuels.

2. Bons contacts avec des milieux très variés
Le directeur général d'un établissement de la place m'a demandé de prendre en charge la réception et le contrôle qualité des services offerts à la clientèle. En l'espace de 3 ans et à l'aide d'une équipe de 5 personnes, nous avons réussi à réduire de 72 % le nombre de réclamations mensuelles.

▶▶

Réussir ses lettres de motivation

▶▶ **3. Maîtrise des méthodes modernes de gestion**
Alors que l'activité augmentait de 30 % par an (et ce pendant 5 ans), j'ai réussi, par l'application systématique de l'informatique, à maintenir constant le nombre de personnes responsables du secteur administratif.

Veuillez recevoir, Monsieur, l'expression de mes sentiments distingués.

Annexes : curriculum vitae, photocopies de certificats, photographie.

○ **Commentaires**
Les avantages sont :
→ approche très traditionnelle donc parfaitement acceptée ;
→ fournit tout ce qui est demandé ;
→ est passe-partout et s'applique à toutes les situations ;
→ convient à la majorité des recruteurs.

Les inconvénients sont de plusieurs ordres car une telle candidature :
→ vous rend éminemment comparable, donc vulnérable ;
→ constitue un dossier volumineux et engendre la perte possible de documents ;
→ est très traditionnelle et manque d'originalité ;
→ offre de nombreuses raisons pour vous faire éliminer ;
→ manque parfois de précision.

Si vous utilisez cette méthode :
→ personnalisez votre CV pour l'adapter à l'annonce tout en l'allégeant ;
→ construisez une lettre d'accompagnement répondant point par point à l'annonce et joignez votre CV s'ils le demandent.

Lettre point par point sans CV

○ **Description**
Écrivez en envoyant une lettre dans laquelle vous répondez point par point aux critères qui définissent le profil du candidat

Répondre à une offre d'emploi

recherché. En moyenne, une annonce « offre d'emploi » comporte 4 critères (3,7 exactement*).

Vos lettres comporteront donc en moyenne 4 paragraphes relatant des activités passées professionnelles ou non professionnelles prouvant que vous possédez tel ou tel critère.

◯ Exemple

REF. : Votre annonce "offre d'emploi" "Directeur adjoint" parue dans "Le Jour" du 12 mai 19xx.

Monsieur,

L'annonce que vous venez de faire paraître a retenu toute mon attention. Vous recherchez un candidat qui présente les 3 caractéristiques reprises ci-dessous.

1. Maîtrise de la communication orale et écrite

Une société de services, très soucieuse de son image, m'a confié la responsabilité de la conception, de l'élaboration et de la distribution d'un bulletin bimensuel diffusé à 3500 exemplaires.

Mes responsabilités incluaient également la diffusion interne (aux 170 membres du personnel) du projet d'entreprise et des résultats mensuels.

2. Bons contacts avec des milieux très variés

Le directeur général d'un établissement de la place m'a demandé de prendre en charge la réception et le contrôle qualité des services offerts à la clientèle. En l'espace de 3 ans et à l'aide d'une équipe de 5 personnes, nous avons réussi à réduire de 72 % le nombre de réclamations mensuelles.

3. Maîtrise des méthodes modernes de gestion

Alors que l'activité de la société augmentait de 30 % par an (et ce pendant 5 ans), j'ai réussi, par l'application systématique de l'informatique, à maintenir constant le nombre de personnes responsables du secteur administratif.

Veuillez recevoir, Monsieur, l'expression de mes sentiments distingués.

Réussir ses lettres de motivation

Si l'annonce précise « Joindre curriculum vitae », 3 attitudes sont possibles :

→ vous faites l'impasse. Vous n'en parlez pas et ne le joignez pas ;

→ vous précisez dans votre lettre : « Vous sera remis ultérieurement. » Dans ce cas, rendez-vous à votre entretien sans votre curriculum vitae. Vous le remettrez par la suite en y faisant figurer des informations sur vous qui correspondent exactement au poste à pourvoir ;

→ vous notez dans votre courrier : « Vous sera remis au cours de l'entretien que vous voudrez me fixer. » C'est la formule « donnant-donnant ».

* Source : enquête réalisée par le Cabinet Daniel Porot sur 1200 annonces « offre d'emploi » presse prises au hasard.

◐ Commentaires

Reprenez tous les points de l'annonce « offre d'emploi » et répondez à chaque point mais... sans joindre votre CV même s'ils le demandent.

Les avantages sont :

→ colle à l'annonce « offre d'emploi » et démontre la pertinence de votre réponse ;

→ traduit une grande efficacité ;

→ vous évite de vous disperser.

Les inconvénients sont :

→ limite trop l'information fournie ;

→ n'inclut pas votre curriculum vitae alors qu'il est peut-être demandé ;

→ limite un peu trop votre profil.

Si vous utilisez cette méthode, personnalisez votre texte pour le rendre encore plus percutant.

Répondre à une offre d'emploi

Lettre miroir

○ Description

Répondez en facilitant la tâche de votre recruteur. Réalisez pour lui tout le travail de rapprochement qu'il doit effectuer entre l'annonce « offre d'emploi » et chacun des nombreux dossiers de candidature reçus.

Il vous faut une paire de ciseaux, un ruban autocollant, deux feuilles de papier A4 (21 x 29,7 cm). Collez les feuilles par leur longueur, en regard l'une de l'autre. Au centre de la feuille de gauche, collez l'annonce « offre d'emploi » et soulignez au stylo phosphorescent les critères définissant le profil du candidat idéal. Depuis chacun de ces critères, faites partir une flèche vers la feuille de droite.

À l'extrémité de chacune de ces flèches, rédigez un paragraphe de quelques lignes :
→ citant une expérience ;
→ relatant une activité que vous avez déployée, et qui démontre que vous possédez le critère d'où part la flèche.

Faites éventuellement réduire ces 2 feuilles (représentant une surface A3) sur une seule feuille (A4).

Une variante de cette méthode consiste à coller votre curriculum vitae face à l'annonce « offre d'emploi » et à tracer des traits partant des critères du candidat recherché, sur l'annonce « offre d'emploi », et aboutissant aux réalisations dont vous avez été l'auteur, sur votre curriculum vitae.

Mettez face à face « Attente » et « Réponse » sur une feuille A4. Vous pouvez aussi utiliser une feuille A3 en collant l'annonce sur la page de gauche et la réponse sur la page de droite.

Réussir ses lettres de motivation

◯ Exemple

CHAINE DE 7 HOTELS DE LUXE Cherche pour entrée immédiate **DIRECTEUR ADJOINT** **(RESPONSABLE ADMINISTRATIF)** Nous demandons : · parfaite maîtrise de la communication orale et écrite ; · facilité de contacts avec des milieux variés ; · très bonne maîtrise des méthodes modernes de gestion. Nous offrons : · place stable à responsabilités ; · ambiance de travail agréable ; · salaire intéressant. Les candidats répondant à ces exigences sont priés de faire des offres manuscrites avec curriculum vitae, photo, certificats, références à l'adresse suivante : Hôtel La Chevillère M. J. Destinataire Directeur du Personnel 27, rue de l'Espoir 6088 ZIELBOURG	Départville, le 14 mai 2004 Une société de services très soucieuse de son image, m'a confié la responsabilité de la conception, de l'élaboration et de la distribution de son bulletin bimensuel diffusé à 3500 exemplaires. Mes responsabilités incluaient également la diffusion interne (aux 170 membres du personnel) du projet d'entreprise et des résultats mensuels. Le directeur général d'un établissement de la place m'a demandé de prendre en charge la réception et le contrôle qualité des services offerts à la clientèle. En l'espace de 3 ans et à l'aide d'une équipe de 5 personnes, nous avons réussi à réduire le nombre de réclamations mensuelles de 48 à 7 par mois. Alors que l'activité augmentait de 30 % par an (et ce pendant 5 ans) j'ai réussi, par l'application systématique de l'informatique, à maintenir constant le nombre de personnes responsables du secteur administratif. Recevez, Monsieur, l'expression de mes sentiments respectueux. Charles EXPÉDITEUR 5, rue de la Tour 21087 DEPARTVILLE Tél. : 03 98 87 56 43

◯ Commentaires

Avantages :

→ se démarque des autres dossiers par son originalité ;

→ respecte la demande de l'entreprise (tient strictement compte de ses attentes) ;

→ fait gagner du temps au recruteur en réalisant le rapprochement « demande/offre ».

Inconvénients :

→ a un petit côté « primaire » ou « scolaire » ;

→ attire l'attention sur vos lacunes éventuelles ;
→ limite l'information que vous donnez sur vous et réduit votre profil.

Si vous utilisez cette méthode et que l'annonce a un style télégraphique, vos chances de réussir avec cette méthode sont sans doute plus grandes.

Fausse spontanée

La méthode de la fausse candidature spontanée consiste :
→ à identifier - en général par téléphone - le nom de la personne qui recherche un candidat - votre futur supérieur hiérarchique ;
→ puis à écrire spontanément à cette personne (sans mentionner l'annonce « offre d'emploi », bien sûr !). Dans votre lettre, présentez des réalisations qui démontrent que votre profil est très proche de celui recherché par l'entreprise.

On vous soupçonnera peut-être d'astuce, mais n'est-ce pas une qualité ? Votre lecteur (professionnel de votre spécialité) saura très probablement apprécier ce que vous dites dans votre lettre. Très souvent, il la fera suivre au département des ressources humaines avec un post-it sur lequel il notera : « À voir. Me semble intéressant. »

Avantages :
→ prouve votre enthousiasme pour l'entreprise ;
→ vous permet de choisir votre destinataire ;
→ élimine un intermédiaire ;
→ réduit la concurrence car peu utilisée par les autres candidats.

Inconvénients :
→ a un côté « subterfuge » parfois mal perçu ;
→ risque d'aboutir sur le mauvais bureau ;
→ vous élimine parfois sans appel possible.

Réussir ses lettres de motivation

Les annonces prescrivent souvent d'envoyer les candidatures au département du personnel ou des ressources humaines. Même si cette précision n'est pas indiquée, c'est bien à ce département que la grande majorité des candidats adressent leurs dossiers. Si vous employez cette méthode, nous insistons sur la nécessité de jouer le jeu jusqu'au bout en vous adressant bien à votre futur supérieur hiérarchique.

○ *Exemple*

Monsieur,

J'envisage d'entamer une nouvelle phase de carrière dans le domaine où j'ai travaillé au cours de ces dernières années : le service.

Je vous prie de trouver, ci-dessous, le descriptif de deux actions dont j'ai eu la responsabilité et que j'ai menées à bien.

• Une société de services, très soucieuse de son image, m'a confié la responsabilité de la conception, de l'élaboration et de la distribution d'un bulletin bimensuel diffusé à 3500 exemplaires. Mes responsabilités incluaient également la diffusion interne (aux 170 membres du personnel) du projet d'entreprise et des résultats mensuels.

• Alors que l'activité augmentait de 30 % par an (et ce pendant 5 ans), j'ai réussi, par l'application systématique de l'informatique, à maintenir constant le nombre de personnes responsables du secteur administratif.

Peut-être avez-vous, au sein de votre entreprise, des attentes auxquelles mes expériences peuvent apporter une réponse ? Nous pourrions en discuter lors de l'entretien que vous voudrez bien m'accorder.

Dans l'attente de vous rencontrer, je vous prie de croire, Monsieur, à l'expression de mes sentiments distingués.

Incrustation

○ *Description*

Vous misez sur le goût de votre interlocuteur pour l'originalité. Photocopiez sur le coin supérieur gauche d'une feuille blanche l'annonce à laquelle vous voulez répondre. Utilisez ensuite cette feuille pour répondre à celle-ci. Limitez-vous à indiquer dans votre

Répondre à une offre d'emploi

lettre les 3 à 5 paragraphes qui démontrent que vous avez les 3 à 5 critères demandés par l'offre d'emploi. Vous pouvez pousser le détail jusqu'à colorier dans l'annonce (en utilisant un stylo phosphorescent) chaque critère demandé et à teinter chacun des paragraphes correspondants dans la même couleur.

○ *Exemple*

Nous cherchons pour entrée immédiate, un
DIRECTEUR ADJOINT
(RESPONSABLE ADMINISTRATIF)
Nous demandons :
· parfaite maîtrise de la communication orale et écrite,
· facilité de contacts avec des milieux variés,
· très bonne maîtrise des méthodes modernes de gestion.

Monsieur,

1. Maîtrise de la communication orale et écrite

Une société de services, très soucieuse de son image, m'a confié la responsabilité de la conception, de l'élaboration et de la distribution d'un bulletin bimensuel diffusé à 3500 exemplaires. Mes responsabilités incluaient également la diffusion interne (aux 170 membres du personnel) du projet d'entreprise et des résultats mensuels.

2. Bons contacts avec des milieux très variés

Le directeur général d'un établissement de la place m'a demandé de prendre en charge la réception et le contrôle qualité des services offerts à la clientèle. En l'espace de 3 ans et à l'aide d'une équipe de 5 personnes, nous avons réussi à réduire de 72 % le nombre de réclamations mensuelles.

3. Maîtrise des méthodes modernes de gestion

Alors que l'activité augmentait de 30 % par an (et ce pendant 5 ans), j'ai réussi, par l'application systématique de l'informatique, à maintenir constant le nombre de personnes responsables du secteur administratif.

Veuillez recevoir, Monsieur, l'expression de mes sentiments distingués.

Avantages :

→ valorise la demande de l'entreprise (donc l'auteur de l'annonce) ;
→ met en relief vos capacités ;
→ fait gagner du temps au lecteur (la correspondance des critères est facilement lisible) ;
→ réduit les possibilités de vous faire éliminer (par l'absence de CV).

Inconvénients :

→ vous force à correspondre exactement à ce qui est demandé ;
→ prend plus de temps à construire qu'une lettre ordinaire ;
→ restreint artificiellement l'information que vous fournissez en limitant votre profil ;
→ surprend par son côté non conventionnel qui peut indisposer certains.

Si vous utilisez cette méthode, soignez tout particulièrement la présentation car l'incrustation ne supporte pas l'à-peu-près.

Dernier rappel

Répondez en faisant comprendre à votre lecteur que vous êtes sur le point de prendre une décision. Votre lettre ne doit pas être menaçante mais son ton doit être ferme et déterminé. Votre lettre doit comporter 2 parties :

→ une première partie dans laquelle vous annoncez que vous êtes sur le point de prendre une décision ;
→ une deuxième partie dans laquelle vous rappelez une de vos réalisations qui correspond à l'un des critères spécifié dans l'annonce.

Avantages :

→ montre que vous êtes un candidat qui bouge et qui intéresse la concurrence ;
→ vous permet de répondre même si vous ne possédez pas tous les critères ;

Répondre à une offre d'emploi

→ fait la preuve de votre ténacité et de votre enthousiasme pour ce poste.

Inconvénients :

→ le ton « ultimatum » peut déplaire à certains et avoir un contre effet ;

→ limite l'information que vous donnez sur vous ;

→ peut vous faire paraître comme quelqu'un de « prétentieux ».

Si vous utilisez cette méthode, ne dites surtout pas dans votre lettre que vous avez déjà écrit, puisque ce n'est pas le cas !

○ *Exemple*

> Référence : votre annonce "offre d'emploi" "Directeur adjoint" parue dans "LE JOUR" le 12 mai 19XX
>
> Monsieur,
> Je vais être amené, très prochainement, à choisir parmi les propositions qui m'ont été faites.
> Je me permets de vous rappeler que le directeur général d'un établissement de la place m'a confié la réception et le contrôle qualité des services offerts à la clientèle. En l'espace de 3 ans et à l'aide d'une équipe de 5 personnes, nous avons réussi à réduire de 72 % le nombre de réclamations mensuelles.
> Dans l'attente de vous lire avant de prendre ma décision, je vous prie de croire, Monsieur, à l'expression de mes sentiments distingués.

Demande d'information

Répondez en demandant des informations plutôt qu'en les donnant. Envoyez à l'entreprise une lettre dans laquelle vous présentez :

→ dans une première partie une réalisation (en un paragraphe) dont vous avez été responsable et qui montre que vous correspondez au moins à l'un des critères les plus importants de l'annonce ;

Réussir ses lettres de motivation

→ dans une seconde partie, une demande d'information sur le poste à pourvoir et sur l'organisation qui recrute.

Vous pourrez ainsi obtenir :
→ une description de fonction ;
→ le dernier rapport annuel ;
→ un catalogue de produits ;
→ et... une convocation à un entretien ou la demande de votre curriculum vitae.

Votre demande d'information peut se présenter de la sorte :

> *Comme vous le voyez, je pense correspondre au profil de la personne que vous recherchez. Néanmoins, afin d'en être certain, vous m'obligeriez en me faisant parvenir, si vous en possédez une, la description détaillée de la fonction ainsi que des informations sur votre organisation.*

Attention, si ces informations sont très facilement accessibles sur le site Internet de la structure, cette demande peut vous faire mal voir !

○ *Exemple*

> *Référence : votre annonce "offre d'emploi" "Directeur adjoint" parue dans "LE JOUR" le 12 mai 19XX*
>
> *Monsieur,*
>
> *Votre annonce "offre d'emploi" a retenu toute mon attention et je pense avoir le profil que vous avez défini.*
>
> *Vous souhaitez, entre autres, que la personne recherchée maîtrise bien les techniques modernes de gestion. Au cours de mon expérience professionnelle, j'ai été amené à mettre en place différents outils tels que des logiciels informatiques (tableurs, base de données, traitement de texte...).*
>
> *Alors que l'activité augmentait de 30 % par an (et ce pendant 5 ans), j'ai réussi, par l'application systématique de l'informatique, à maintenir constant le nombre de personnes responsables du secteur administratif.* ▶▶

Répondre à une offre d'emploi

> Avant de poser ma candidature pour ce poste, je souhaiterais consulter une description de cette fonction (si vous en avez établi une) ainsi qu'un rapport annuel ou un catalogue des produits de votre société. Vous serait-il possible de me faire parvenir cette documentation ?
> Dans cette attente, je vous prie de croire, Monsieur, à l'expression de mes sentiments distingués.

○ Commentaires
Avantages :

→ montre que vous ne répondez pas à n'importe quelle annonce « offre d'emploi » et que vous êtes sélectif ;

→ vous permet de ne répondre qu'à un seul critère (très utile si vous ne les possédez pas tous) ;

→ permet de mieux argumenter quand vous obtenez l'information en retour.

Inconvénients :

→ a un côté investigateur qui peut déplaire ;

→ livre trop peu d'informations sur vous ;

→ risque de provoquer un échec dès la première sélection.

Si vous utilisez cette méthode, obtenez par téléphone ou sur Internet des informations de base sur l'entreprise, et agissez rapidement pour avoir le temps de relancer en cas de non-réponse à votre lettre.

Donnez des preuves

Répondez en prouvant de façon visuelle que vous êtes la personne recherchée. Retrouvez, pour chacun des critères figurant sur l'annonce, un document, objet, prototype, photographie... dont vous êtes l'auteur ou le coauteur et qui prouvent que vous possédez les caractéristiques recherchées. Utilisez alors ces objets comme preuves de votre qualification pour le poste à pourvoir.

Réussir ses lettres de motivation

C'est une méthode parfois surprenante, mais logique et saine :
→ un mannequin se présente avec son « press book » ;
→ un chercheur universitaire avec ses publications ;
→ un animateur avec des fiches d'évaluation renseignées par ses élèves ;
→ un pâtissier avec les photos de ses plus beaux gâteaux ;
→ un responsable « Entretien » avec les courbes de performances.

Avantages :
→ possède un grand pouvoir de conviction ;
→ vous évite un effort de rédaction.

Inconvénients :
→ a une utilisation limitée ;
→ exige une expérience large et variée.

Vous pouvez utiliser cette méthode seule ou en complément d'une autre méthode.

Profil du candidat

Répondez en vous mettant résolument du côté du recruteur. Ne l'affrontez pas. Faites de lui un allié. Cette approche originale consiste à expédier à la personne qui recrute une liste de caractéristiques de la personne recherchée (10 ou 15 talents, traits de personnalité, compétences...) qui ont été citées en partie dans l'annonce et/ou que vous imaginez.

Face à chacune de ces caractéristiques, indiquez 4 chiffres : 1, 2, 3, 4 (1 = peu important à 4 = très important). Puis demandez à l'organisation de renseigner votre liste en encerclant le chiffre qui correspond le mieux à chaque caractéristique dans le contexte de l'entreprise. Si l'entreprise vous retourne votre fiche renseignée, à vous de décider si vous avez le profil de la personne recherchée.

Répondre à une offre d'emploi

○ **Exemple**

> Référence : votre annonce « offre d'emploi » « Directeur Adjoint » parue dans « Le Jour » le 12.5.19XX
>
> Monsieur,
>
> Votre annonce « offre d'emploi » a retenu toute mon attention. Afin que je puisse mieux déterminer si je corresponds exactement à vos attentes, pourriez-vous avoir l'amabilité de renseigner cette lettre et me la retourner ?
>
> Pour cela, pourriez-vous noter de 1 (non nécessaire) à 4 (absolument nécessaire) les caractéristiques de la personne que vous recherchez ? Il suffit pour cela d'encercler le chiffre choisi.
>
> | | | | | |
> |---|---|---|---|---|
> | A. Aptitude à la négociation | 1 | 2 | 3 | 4 |
> | B. Goût des contacts | 1 | 2 | 3 | 4 |
> | C. Commandement des hommes | 1 | 2 | 3 | 4 |
> | D. Capacité d'élaborer des budgets | 1 | 2 | 3 | 4 |
> | E. Conception et rédaction de documents | 1 | 2 | 3 | 4 |
> | F. Intérêt pour la formation | 1 | 2 | 3 | 4 |
> | G. Bonne maîtrise de logiciels informatiques | 1 | 2 | 3 | 4 |
> | H. Intérêt pour les cercles de qualité | 1 | 2 | 3 | 4 |
> | I. Disponibilité pour les séjours à l'étranger | 1 | 2 | 3 | 4 |
> | J. Goût pour les horaires irréguliers | 1 | 2 | 3 | 4 |
>
> Je vous remercie pour le temps que vous aurez l'obligeance de consacrer à ce petit questionnaire.
>
> Dans l'attente de vous lire, je vous prie d'agréer, Monsieur, l'expression de mes sentiments distingués.

○ **Commentaires**

Avantages :

→ vous positionne d'égal à égal vis-à-vis de votre interlocuteur ;
→ vous démarque des autres candidats par son originalité ;
→ suggère des idées à l'auteur de l'annonce « offre d'emploi ».

Inconvénients :

→ a un côté « donneur de leçons » qui peut être irritant ;
→ est parfois considérée comme une réponse « hors sujet » ;
→ exige de la part de l'employeur un effort et du temps.

Réussir ses lettres de motivation

Si vous utilisez cette méthode, soyez très vigilant sur le choix des critères.

Existe-t-il d'autres moyens d'entrer en contact avec un employeur ?

La prise de contact par téléphone ou le porte-à-porte sont parfois recommandés dans une recherche d'emploi. Mais, attention aux dérapages.

Le téléphone

○ *Procédez en 2 temps :*

1. Découvrez par téléphone (ou mieux demandez à un ami de le faire) le nom de votre futur supérieur hiérarchique.

2. Rappelez et demandez à parler à l'assistant de la personne dont vous avez découvert le nom :
→ saluez-le ;
→ déclinez votre nom et épelez-le (2 fois si nécessaire) ;
→ référez-vous à l'annonce et demandez un entretien avec votre futur supérieur hiérarchique ;
→ limitez votre temps de parole. Dites par exemple : « Je possède les 4 critères cités dans votre annonce » ou : « Voici 2 réalisations en rapport avec votre annonce... » N'en dites pas plus !

○ *Observez les règles fondamentales* d'utilisation du téléphone. Attention, ne passez pas un entretien par téléphone, essayez uniquement d'obtenir un rendez-vous ! Avec cette méthode : au pire, on vous demandera d'envoyer votre dossier. Vous vous retrouverez à la case départ. Au mieux, on vous accordera un entretien.
Avantages :
→ vous permet de choisir votre interlocuteur ;
→ accélère la démarche.

Répondre à une emploi

Inconvénients :
→ est anxiogène et peut engendrer chez vous un stress ;
→ peut se heurter à des barrages infranchissables ;
→ risque d'augmenter votre vulnérabilité.

Si vous utilisez cette méthode, demandez à un tiers de téléphoner avant vous pour collecter de l'information.

La visite « impromptue »

Répondez en vous rendant sur place. C'est une méthode simple, mais qui nécessite une préparation sérieuse. Les coordonnées des entreprises sont spécifiés dans 40 % dans les annonces. Pour mettre toutes les chances de votre côté, procédez en 3 temps :
1. Téléphonez, ou mieux, faites téléphoner pour déterminer le nom de votre futur supérieur hiérarchique ;
2. Entraînez-vous à l'entretien que vous allez vivre. Jouer, répétez encore et encore l'ouverture (l'accroche, dont vous voulez commencer) de cet entretien ;
3. Allez frapper à la porte de l'entreprise. Faites-vous recevoir par la personne qui recherche un candidat et dites-lui que le poste vous intéresse.

Si l'on vous reproche de ne pas avoir écrit (comme il a probablement demandé dans l'annonce), dites par exemple : « Je pensais que pour ce poste il fallait avoir le sens de l'initiative, de l'audace ; j'ai voulu vous prouver ces qualités en me présentant physiquement à vous. »

Avantages :
→ montre votre détermination ;
→ vous permet de prendre de court les autres concurrents ;
→ limite votre risque d'être éliminé ;

Réussir ses lettres de motivation

→ vous évite d'écrire ;
→ prouve votre sens de l'initiative.

Inconvénients :
→ peut déranger en tombant au mauvais moment (interlocuteur occupé) ;
→ risque de ne pas aboutir (interlocuteur absent) ;
→ est parfois considérée comme trop cavalière.

Si vous utilisez cette méthode, pour vous donner du courage, faites-vous accompagner par un ami jusqu'au lieu de l'entretien et répétez plusieurs fois le scénario de votre arrivée.

Double détente

Lorsque la méthode de réponse à annonce que vous avez utilisée a été négative (rejet de votre candidature par l'entreprise ou silence de cette dernière pendant au moins 3 semaines), posez de nouveau votre candidature.

Pour réussir lors de votre seconde tentative, observez scrupuleusement les 3 règles suivantes.

○ *1re règle* : adressez votre courrier à une personne autre que celle que vous avez approchée lors de votre première tentative.

○ *2e règle* : utilisez pour ce second essai une méthode de réponse différente de la première. Ainsi, si vous avez répondu la première fois par une lettre de motivation et curriculum vitae, reposez votre candidature en envoyant cette fois-ci une lettre-miroir.

○ *3e règle* : ne parlez pas dans votre nouveau courrier de votre première tentative infructueuse.

Répondre à une offre d'emploi

O *Exemple*

> *Monsieur,*
>
> *J'envisage d'entamer une nouvelle phase de carrière dans le domaine où j'ai travaillé au cours de ces dernière années : le service.*
>
> *Je vous prie de trouver, ci-dessous, le descriptif de deux actions dont j'ai eu la responsabilité et que j'ai menées à bien.*
>
> *• Une société de services, très soucieuse de son image, m'a confié la responsabilité de la conception, de l'élaboration et de la distribution d'un bulletin bimensuel diffusé à 3500 exemplaires. Mes responsabilités incluaient également la diffusion interne (aux 170 membres du personnel) du projet d'entreprise et des résultats mensuels.*
>
> *• Alors que l'activité augmentait de 30 % par an (et ce pendant 5 ans), j'ai réussi, par l'application systématique de l'informatique, à maintenir constant le nombre de personnes responsables du secteur administratif.*
>
> *Peut-être avez-vous, au sein de votre entreprise, des attentes auxquelles mes expériences peuvent apporter une réponse ? Nous pourrions en discuter lors de l'entretien que vous voudrez bien m'accorder.*
>
> *Dans l'attente de vous rencontrer, je vous prie de croire, Monsieur, à l'expression de mes sentiments distingués.*

O *Commentaires*

Avantages :

→ vous donne une deuxième chance en cas de refus;

→ fournit un contact privilégié avec votre futur responsable hiérarchique;

→ permet de mieux réfléchir sur l'offre.

Inconvénients :

→ risque de vous faire retomber sur la même personne que lors de votre première démarche;

→ est difficile à supporter en cas de second échec éventuel.

Si vous utilisez cette méthode, téléphonez (ou faites téléphoner) pour bien vous renseigner sur votre destinataire.

Partie 3

Expédier une candidature spontanée

Vous avez décidé de contacter une entreprise qui n'a pas de besoin apparent. La démarche spontanée par lettre constitue un moyen efficace pour entamer le processus qui conduit à l'emploi. Pourtant, vous ne devez pas ignorer les embûches qui vous guettent et qui peuvent se traduire par un échec. Vous augmenterez vos chances de faire partie des candidats heureux en observant les règles et recommandations énoncées ci-dessous.

MORCEAUX CHOISIS

- « Les spécialistes des publipostages – mailings – considèrent que le succès d'un mailing dépend du bon choix du destinataire pour 50 %. »

- « L'aspect ou style de votre document doit être en harmonie avec l'univers où évolue votre destinataire. »

- « Certains font l'analogie entre les lettres d'amour et les lettres de candidature spontanée. »

Quelles sont les clés du succès d'une démarche spontanée ?

Les spécialistes des publipostages – mailings – considèrent que le succès d'un mailing dépend du bon choix du destinataire pour 50 % ; de la qualité de l'offre pour 35 % ; de l'aspect du document pour 15 %.

Les différents éléments

- *Le destinataire* est celui ou celle qui peut le mieux comprendre l'intérêt de votre offre, et/ou qui en a le plus besoin. Trop de candidats adressent leurs lettres au département du personnel ou à la direction des ressources humaines – DRH –, donc au mauvais destinataire.

- *L'offre* doit correspondre à un sujet brûlant auquel fait face votre destinataire. C'est-à-dire un problème qui l'énerve ; et/ou l'angoisse ; et/ou lui coûte cher. Ne proposez pas vos services pour un emploi ; limitez-vous à demander un entretien.

- *L'aspect ou style* de votre document doit être en harmonie avec l'univers où évolue votre destinataire, et ouvrir la porte sur le rêve.

Si votre candidature est adressée au bon destinataire, que votre offre est intéressante et que son aspect est médiocre, elle a des chances de réussir. Si elle est adressée au mauvais destinataire et malgré une offre intéressante et une présentation soignée, elle n'a aucune chance d'aboutir !

Relevez les défis

Lorsque vous approchez spontanément un responsable spécifique dans une organisation, il existe 2 certitudes :

Expédier une candidature spontanée

→ aucun budget n'a été prévu pour ce que vous avez à offrir ;
→ vous êtes le seul à proposer quelque chose d'unique. Sans concurrent, vous êtes en situation de monopole, profitez-en !

Si vous choisissez de vous manifester par une lettre, ne postulez pas pour un emploi, mais cherchez à obtenir un entretien : rédigez une L.O.V.E. (Lettre pour Obtenir Vite un Entretien).

Si l'approche spontanée requiert un certain aplomb, elle est facilitée par une réflexion préliminaire, orientée par la collecte d'informations et assurée par une solide technique.

Mettez à jour votre « banque de paragraphes »

Depuis votre dernière recherche d'emploi, vous avez sans doute perfectionné certains domaines d'activité, acquis de nouvelles connaissances, enrichi votre expérience, mené à bien des réalisations.

Faites la synthèse de tous ces « plus », chiffrez-les et modifiez ou complétez votre banque de paragraphes. Vous puiserez dans ce trésor pour mettre en évidence les 2 ou 3 arguments qui convaincront votre lecteur.

Un faible rendement

Une enquête* réalisée auprès de demandeurs d'emploi montre que sur 100 lettres de candidatures spontanées expédiées, seules 5 obtiennent un entretien ! Ce qui signifie que 95 % de ces lettres terminent à la corbeille à papier ou déclenchent une réponse négative.

* *Source : enquête réalisée par le cabinet Daniel Porot. Enquête menée auprès de 8 109 candidats.*

Réussir ses lettres de motivation

Informez-vous

Pour préparer votre lettre de candidature spontanée et augmenter vos chances de la voir déboucher positivement, il faut vous renseigner sur :
→ l'organisation ;
→ le destinataire ;
→ le contenu de la fonction (les tâches).

○ ***L'information sur l'organisation*** vous renseigne sur son implantation, ses produits, ses clients, ses chiffres clés...

○ ***L'information sur le destinataire*** se limite souvent à un nom et à un titre. Elle vous permet d'adresser votre lettre à quelqu'un de précis.

La méthode du portfolio

● La méthode du « portfolio » est surtout connue dans les milieux artistiques et manuels. Dans certaines professions, le « portfolio » s'appelle « press-book ».
Il peut être utilisé par :
→ un mannequin pour présenter ses plus belles photos ;
→ un journaliste pour valoriser ses articles ;
→ un architecte pour mettre en valeur ses réalisations les plus belles et/ou les plus complexes...

● Cette pratique s'étend de plus en plus à d'autres professions. Elle permet en un clin d'œil à un professionnel d'avoir une idée et/ou de juger des compétences/ talents du candidat.
● Si vous envisagez d'y avoir recours, choisissez pour chaque critère recherché, une preuve tangible montrant que vous possédez le critère en question (photo, graphique, médaille, diplôme, distinction, catalogue produit, dépliants, rapport...).

Expédier une candidature spontanée

○ *L'information sur la fonction* (tâches, missions et responsabilités) vous éclaire et vous aide à choisir ce que vous devez écrire dans votre lettre. En fonction des tâches clés que vous découvrirez, vous retiendrez les réalisations professionnelles ou extra-professionnelles qui démontrent le mieux que vous pouvez mener ces tâches à bien dans l'organisation à laquelle vous vous adressez.

Comment rédiger une L.O.V.E. (Lettre pour Obtenir Vite un Entretien) ?

Pour rédiger votre L.O.V.E., suivez les 12 étapes qui transformeront un travail à faible rendement en une opération couronnée de succès.

12 étapes

La rédaction de la L.O.V.E. se décline en 12 étapes.
→ Installez-vous.
→ Ébauchez une accroche.
→ Notez les titres des paragraphes que vous allez utiliser.
→ Rédigez la clôture de votre lettre.
→ Insérez vos paragraphes.
→ Ordonnez, déplacez, restructurez vos paragraphes. Choisissez une bonne séquence en allant du plus intéressant pour le lecteur, au moins intéressant.
→ Rerédigez votre accroche.
→ Laissez dormir 1 ou 2 jours.
→ Faites lire/viser/réviser par 2 à 4 personnes.
→ Recorrigez.
→ Faites une photocopie que vous conserverez ; timbrez, collez, postez et attendez.
→ Téléphonez 10 jours plus tard à l'assistant de votre destinataire s'il n'a pas réagi.

Réussir ses lettres de motivation

Quelles informations dois-je faire apparaître dans une L.O.V.E ?

Une L.O.V.E comporte dix éléments qui vous sont présentés dans l'ordre dans lequel ils apparaissent.

1 Expéditeur
2 Destinataire
3 Date
4 Objet
5 Titre
6 Accroche
7 Corps
8 Demande d'entretien
9 Clôture
10 Signature

L'expéditeur

Notez tout simplement votre prénom suivi de votre nom (et non l'inverse : nom puis prénom). Évitez de faire précéder votre prénom de Madame ou Monsieur. Précisez votre adresse et vos numéros de téléphone (fixe et portable), fax et adresse électronique si vous en possédez une.

Expédier une candidature spontanée

Le destinataire

Adressez votre courrier à une personne précise. Si vous ne connaissez pas le nom de votre destinataire, découvrez-le en téléphonant à l'organisation qui vous intéresse – faites-le vous-même ou demandez à une relation de le faire – ou en surfant sur le site de l'entreprise. Soyez attentif à l'orthographe de ce nom et ne faites surtout pas d'impair sur le sexe de la personne à convaincre. Certaines personnes sont très susceptibles dans ce domaine. Attention, votre lettre doit être adressée à votre futur supérieur hiérarchique ou à celui qui peut le mieux apprécier son contenu. Vous serez alors considéré comme un offreur de services.

Faites suivre le nom de votre destinataire par son titre. Complétez le tout par son adresse exacte. Par exemple :

> Madame J. DUBEAUX
> Responsable Afrique
> 8, avenue du Courtal
> 12345 VILLEBELLE

La date

Notez le nom de la ville d'où vous expédiez votre lettre. Faites-le suivre de la date du jour en exprimant le mois en lettres et non en chiffres.
Évitez : Belleville, le 24.04.2004
Écrivez plutôt : Belleville, le 24 avril 2004

L'objet

Cette rubrique est optionnelle. Elle présente en quelques mots l'objet de votre L.O.V.E.

Réussir ses lettres de motivation

Bien sûr il ne faut surtout pas écrire :
« Demande d'emploi »
« Dépôt de candidature »
« Demande de rendez-vous »

Il s'agit d'interpeller le lecteur par une accroche qui correspond à une information développée dans le corps de votre lettre.

Voici quelques exemples :
« Relance des mauvais payeurs »
« Francisation des logiciels »
« Fidélisation de 82 % des clients »
« Réduction du temps de consolidation »

Le titre

Soyez le plus sobre possible. Utilisez la formule : Madame, ou bien, Monsieur.

Évitez :
→ **les formules alambiquées,**
- Monsieur le Président Directeur général,
- Madame la Directrice des Ventes.

→ **les formules trop familières,**
- Chère Madame,
- Cher Monsieur,

→ **les formules anglo-saxonnes,**
- Madame Ciagar,
- Monsieur Ronbuteau.

L'accroche

C'est le début de votre lettre, votre premier paragraphe. Le but de votre accroche n'est pas d'introduire la suite de votre lettre, mais

Expédier une candidature spontanée

de capter l'attention de votre lecteur afin qu'il ne jette pas votre document à la corbeille à papier.

Certains font l'analogie entre les lettres d'amour et les lettres de candidature spontanée. En utilisant cette comparaison, voici 7 erreurs fatales à éviter dans une accroche de lettre d'amour... et dans vos futures lettres de candidatures spontanées.

Accroches à éviter

Erreurs faites	Lettre d'amour • L.O.V.E.
1. Utiliser des mots « noirs »	*On vient de me plaquer et je suis déprimé.* *Je suis actuellement au chômage...*
2. Annoncer votre titre dès le départ	*Je suis sûr que mon titre de « Monsieur Muscle » va vous intéresser...* *Je suis diplômé de l'Université de... et à ce titre, contrôleur de Gestion...*
3. Employer des termes sophistiqués	*J'ai l'honneur de vous faire parvenir cette déclaration d'amour...* *J'ai l'honneur de solliciter votre bienveillance...*
4. Porter un jugement	*Je crois que vous avez des problèmes : solitude, acné, cellulite...* *Votre entreprise rencontre des problèmes : chute du chiffre d'affaires...*
5. Exhiber votre ego	*On me dit avoir deux qualités exceptionnelles : d'une part...* *Je présente 2 atouts majeurs : d'une part...*
6. Passer de la « pommade »	*Les femmes de votre qualité sont réputées être...* *Connaissant l'excellente réputation de votre société...*
7. Être trop affirmatif	*Je suis sûr de pouvoir répondre à toutes vos attentes...* *Je suis sûr que vous avez besoin de mes services.*

Réussir ses lettres de motivation

Exemples d'accroches

● Voici quelques exemples d'accroches de nature à déclencher l'intérêt de votre futur lecteur.

● *Accroche qui questionne*
« Connaissez-vous un rayon boucherie faisant 22 % de marge brute ? Dans un supermarché de Joliville, cette marge varie depuis 2 ans de 20 à 26 %. »
« Avez-vous été sensibilisé par la campagne "Une question, une réponse" ? »

● *Accroche qui informe*
« J'ai lu dans la presse que les enfants adoraient les formes nouvelles de pâtes. J'ai mis au point une machine qui peut en produire plus de 100 formes, toutes plus originales les unes que les autres. Lors de récents contacts avec 5 sociétés de votre secteur, je me suis aperçu que... était une préoccupation d'actualité pour vos concurrents. »

● *Accroche qui annonce la suite*
« Voici 3 exemples de réalisations d'opérations de collectes de fonds pour des organisations caritatives de taille semblable à la vôtre. »
« Dans les lignes qui suivent, vous découvrirez 2 solutions qui répondent peut-être à vos préoccupations actuelles. »

● *Accroche qui implique*
« Depuis quelques jours, je réfléchis aux remarques recueillies auprès de 4 de vos clients et concernant votre politique de livraison. »
« Depuis 4 mois, votre société fait une campagne publicitaire dans plusieurs revues techniques. Cette publicité fait apparaître 5 avantages face à la concurrence. J'en ai trouvé au moins 7 ! »

Le corps du texte : des paragraphes

Insérez dans le corps de votre lettre 1 à 3 paragraphes tirés de votre passé professionnel ou extra-professionnel.

Ces paragraphes décrivent des réalisations que vous avez menées à bien. Ils doivent correspondre à 1 ou 3 problèmes/soucis/

Expédier une candidature spontanée

opportunités/préoccupations de l'organisation que vous approchez. Commencez par le paragraphe qui vous semble le plus pertinent ou le plus « chaud » pour votre destinataire, puis terminez par celui qui le touchera le moins.

Des exemples de paragraphes vous sont proposés en annexe. Vous pouvez vous en inspirer, mais rien ne peut remplacer la touche personnelle que vous donnerez à la mise en valeur de vos propres expériences et réalisations.

Demande d'entretien

C'est le paragraphe où vous précisez l'objectif de votre démarche en proposant tout simplement un entretien : c'est le « nous » ! Soyez direct.

○ *Exemples*

➜ « C'est avec beaucoup de plaisir que je développerai l'un de ces points lors d'un entretien dont je vous laisse l'initiative. »

➜ « Nous pourrions, si vous le souhaitez, développer certains de ces points au cours d'un entretien. »

➜ « Je reste à votre disposition pour vous rencontrer et détailler l'une des réalisations mentionnées ci-dessus. »

Clôture et signature

C'est la formule classique de politesse. Faites comme nos cousins britanniques : court et simple.

○ *Exemples*

➜ « Je vous prie de croire, Madame, à l'expression de mes hommages les plus respectueux. »

➜ « Je vous prie de recevoir, Monsieur, l'expression de mes salutations les meilleures. »

→ « Veuillez croire, Madame, à mes salutations distinguées. »
→ « Avec mes salutations les meilleures. »

Signez simplement comme vous avez l'habitude de le faire.

Puis-je envoyer ma lettre par mail ?

Internet n'a pas remplacé les méthodes traditionnelles de recrutement, mais s'est imposé comme un outil complémentaire.

Quelles précautions prendre ?

Si vous faites un envoi par courriel, utilisez la formule « attaché » et si possible en format « PDF ». Vos documents une fois imprimés par votre destinataire auront beaucoup plus d'allure et de tenue. Vous vous exposez moins, par ailleurs, à ce que votre destinataire ne puisse pas lire votre mail ou le lise avec une mise en page déformée en raison des aléas techniques.

Pour réduire les risques, vous pouvez aussi utiliser le format « RTF » lorsque vous enregistrez votre lettre dans votre traitement de texte ; c'est en effet le format universel…

Vous pouvez également copier-coller votre texte dans le corps du mail : vous êtes certain que votre lettre parviendra au destinataire en bon état mais dans une mise en page peu attirante…

Des spécificités ?

Bien que la plupart des lettres soient imprimées par les recruteurs, celles envoyées par le Net peuvent être un peu plus courtes que leurs homologues sur papier. Cela n'enterre pas la lettre de motivation pour autant, qui reste indispensable pour de nombreux

Expédier une candidature spontanée

recruteurs. La différence, c'est que l'échange par mail peut instaurer un autre type de rapport entre l'employeur et le candidat. Par mail, l'écriture est en effet plus directe... N'en profitez pas, cependant, pour relâcher votre style ou accompagner chacune de vos phrases par des :-).

Par ailleurs, la facilité d'envoyer sa candidature par courrier électronique sans dépenser un centime peut entraîner des déchets importants en raison d'un usage excessif du mailing. Encore une fois, Internet doit vous aider à cibler votre candidature et à faciliter la prise de contact ; ce n'est pas une bouteille à la mer...

Mails à privilégier

L'envoi de candidature par mail est à privilégier sur toute autre approche pour :
→ les postes qui touchent l'informatique ou, au sens plus large, la technologie de l'information ;
→ les postes qui sont situés à l'étranger et pour lesquels les mails suppriment les délais ou les risques de pertes.
Les mails peuvent également servir à confirmer un entretien ou à demander une information précise.

Dois-je joindre mon CV ?

La grande question est de savoir s'il faut joindre un curriculum vitae à une lettre de candidature spontanée....

Si vous souhaitez opérer de façon traditionnelle, expédiez votre lettre en joignant votre CV. Dans ce cas, même si vous l'expédiez à un responsable hiérarchique, la présence de votre CV indiquera que vous recherchez un emploi. Votre envoi sera très probablement automatiquement transféré au département des ressources humaines. Celui-ci, submergé par le flot de candidatures

Réussir ses lettres de motivation

Chercher un emploi sur Internet

● *Les CVthèques*
Déposer son CV dans une candidathèque ou formuler une demande d'emploi peut être un gage de réussite. En plus, ça ne vous coûtera pas un centime, contrairement aux bonnes vieilles annonces publiées dans les journaux.
Que cela ne vous empêche pas de prêter attention à un certain nombre de points : choisissez minutieusement les sites qui correspondent le mieux à votre profil (cadremploi.fr si vous recherchez un emploi de cadres, qualisteam.fr si vous êtes spécialisé dans la finance…), ou qui ont été plébiscités par les recruteurs (monster.fr, emailjob.com, keljob.fr…) sans oublier les incontournables que sont les sites de l'Apec (apec.asso.fr) ou celui de l'ANPE (anpe.fr).
Par ailleurs, enregistrez-vous sous des vocables facilement repérables pour un recruteur qui cherchera son bonheur en utilisant des mots-clés ou des champs obligatoires dans d'immenses bases de données : facilitez-lui la tâche en indiquant clairement la fonction que vous souhaitez occuper, le service que vous voulez intégrer, le secteur… Sachez aussi que les pages perso, hébergées gratuitement par un grand nombre de sites, peuvent servir votre recherche d'emploi : elles sont parfois regardées par les recruteurs.

● *Les dossiers de candidature*
De plus en plus de sites de sociétés proposent aux chercheurs d'emploi de remplir un dossier de candidature en ligne. Le principe : au lieu d'envoyer CV et lettres par mail, les candidats doivent répondre à des questions qui peuvent être, tour à tour, obligatoires ou facultatives, ouvertes ou fermées. Outre des demandes d'informations classiques (état civil, diplôme, langues, etc.), certains formulaires peuvent vous questionner sur vos motivations pour postuler à telle fonction, vos handicaps ou vos atouts dans l'exercice de telle responsabilité…

● *Les 5 règles d'or d'une candidature sur Internet*
→ Rédigez un CV, qui puisse être imprimé par un recruteur, sous une forme classique en y ajoutant éventuellement des liens vers une entreprise, une école, etc. pour étoffer vos propos.

Expédier une candidature spontanée

- → Adaptez chaque candidature (CV et lettre) à l'entreprise à laquelle vous vous adressez – surtout, ne faites pas de mailing ! – et envoyez-la à une personne nominalement désignée.
- → Si l'entreprise vous propose de rédiger un formulaire, prenez le temps de la réflexion ; les questions posées sont souvent complexes...
- → Avec votre CV, envoyez systématiquement une lettre de motivation lorsque vous postulez : Internet ne vous dédouane pas de cette missive encore très prisée par les recruteurs.
- → Envoyez CV et lettre en fichier joint dans un format lisible par le recruteur. Utilisez votre patronyme pour nommer les fichiers.

aura une certaine propension à utiliser la corbeille à papier... rebaptisée « corbeille à CV » !

En revanche, si vous envoyez une L.O.V.E (Lettre pour Obtenir Vite un Entretien) vous ne devez pas joindre votre CV. Vous l'expédiez directement à votre futur responsable hiérarchique sans autre document. Vous ne recherchez qu'un entretien, pas un emploi. Donc pas de CV. Il vous faut bien sûr être prêt à accepter :

- → un mandat, une mission (en tant qu'indépendant) ;
- → un CDD (contrat à durée déterminée) ;
- → un CDI (contrat à durée indéterminée).

Partie 4

Démission, demande d'information ou de stage : autres types de lettres

Si la lettre de motivation est la missive la plus connue des chercheurs d'emploi, d'autres écrits peuvent jalonner le parcours d'un salarié. La lettre de démission, que l'on pourrait comparer à une lettre de rupture, peut adopter un ton fort différent en fonction des rapports entretenus avec le futur ex-employeur. La lettre de demande d'information peut s'avérer fort utile pour un chercheur d'emploi en quête de renseignements pour étayer ses lettres de motivation. Enfin, la lettre de demande de stage est un incontournable pour les jeunes, en recherche de leur premier emploi…

MORCEAUX CHOISIS

- « La collecte d'information est probablement l'un des trois éléments les plus importants dans le succès de votre recherche d'emploi. »

- « Appuyez-vous, si vous le pouvez, sur des personnes qui vous servent de relais. »

- « Les lettres pour obtenir un stage en entreprise suivent les mêmes règles que celles qui s'appliquent à la recherche d'emploi. »

Réussir ses lettres de motivation

Comment rédiger une lettre de démission ?

À cette question, la réponse varie en fonction de l'état de vos relations avec votre employeur au moment du départ.

Démission : quelle stratégie ?

Si vous êtes en poste et souhaitez lancer une recherche d'emploi, deux stratégies s'offrent à vous.

○ ***Vous pouvez mener votre campagne tout en restant en poste,*** puis obtenir une proposition ferme d'embauche, et enfin démissionner.

Cette stratégie présente un double avantage :
→ une personne en poste bénéficie toujours d'un préjugé favorable par rapport à une personne hors poste ;
→ une personne investie d'une charge de travail dégage une image de personne « à succès ».

En revanche, deux inconvénients la rendent difficile :
→ le fait d'avoir un poste, donc du travail, vous laisse peu de temps et de disponibilité pour votre campagne ;
→ par ailleurs, certaines personnes considèrent qu'il est éthiquement discutable (du point de vue loyauté vis-à-vis de son employeur) d'être engagé et de rechercher un poste en même temps.

○ ***L'autre stratégie consiste d'abord à démissionner,*** puis à lancer sa recherche d'emploi. Elle présente les avantages et inconvénients qui sont antinomiques des précédents.

Une fois votre décision prise, vous pouvez l'annoncer et/ou la confirmer par lettre :
→ de façon froide et distante ;
→ de façon chaleureuse.

Autres types de lettres

Évitez à tout prix de saisir cette occasion pour polémiquer, démontrer que vous avez raison, prouver votre « bon droit ». Ceci ne peut qu'être stérile ou pire négatif

Exemples

○ Démissionner de façon froide et distante

> Objet : Démission
>
> Madame,
>
> Cette lettre pour vous informer que j'ai pris la décision de démissionner de mon poste actuel et ce, avec effet immédiat.
> Puis-je vous demander de bien vouloir noter que, comme le stipule le contrat qui nous lie et en tenant compte des journées de vacances qui me restent à prendre, j'assurerai mes fonctions jusqu'au 17 mars 2004. Je vous remercie de préparer un document pour solde de tout compte.
> Avec mes salutations les meilleures.
>
> Claude Expedite

→ **Commentaires :** si les choses ont très mal tourné, fermez la porte... sans la claquer. Dormez une ou deux nuits sur votre lettre avant de la poster.

○ Démissionner de façon chaleureuse

> Objet : Démission
>
> Cher Monsieur,
>
> Après sept années passées dans la vente au sein de votre organisation, j'ai pris la résolution difficile de vous présenter ma démission.
>
> Cette décision a été extrêmement pénible à prendre en raison des liens très profonds qui m'unissent à toute l'équipe au sein de laquelle j'ai travaillé avec beaucoup de plaisir et de satisfaction professionnelle.

▶▶

Réussir ses lettres de motivation

▶▶ Les expériences que j'ai pu vivre ont été particulièrement enrichissantes et c'est après mûre réflexion que je me suis décidé. Je tiens à vous remercier de m'avoir donné, au cours de ces sept années, confiance et soutien qui m'ont permis de m'épanouir dans un domaine professionnel.

Je vais maintenant poursuivre mon parcours professionnel en m'orientant vers le siège d'une organisation au sein de laquelle j'assumerai des responsabilités.

En vous remerciant encore, je vous prie de croire, cher Monsieur, à l'expression de mes sentiments les plus sincères.

Claude Expedite

→ **Commentaires :** ouvrez votre cœur et dites ce que vous pensez. Restez cependant sobre en évitant d'en rajouter. Un départ heurte et blesse toujours un peu celui ou celle que l'on quitte.

Comment collecter de l'information ?

La collecte d'information est probablement l'un des trois éléments les plus importants dans le succès de votre campagne. Des informations pertinentes peuvent multiplier par 3 à 5 la rapidité et/ou l'efficacité de votre recherche d'emploi.

Développer son réseau

Votre réseau (amis, relations, contacts, amis d'amis...) est essentiel. Sachez l'utiliser :

→ pour information (noms de personnes, types de tâches, industries en pointe...) ;

→ et non pour action (demande d'appui, d'aide...).

Beaucoup de candidats mélangent information et action. De ce fait, ils reçoivent peu d'informations et déclenchent très peu d'actions. Ainsi, chaque fois que vous contactez une personne de

Autres types de lettres

votre réseau, redites-lui ou faites-lui comprendre que vous ne l'approchez pas pour un appui pour décrocher un job.

Exemple : demander de l'information

> Chère Françoise,
>
> Tu as de l'expérience dans le domaine des produits frais et tu peux sans doute m'aider et m'apporter des informations concernant l'activité d'importation dans ce secteur.
>
> Je recherche les sources/lieux/listes qui peuvent me permettre d'identifier tous les importateurs de fruits exotiques.
>
> Tu peux me les communiquer par courriel ou me proposer une date pour que je vienne te voir (nous pourrons alors partager un repas ou un café).
>
> Avec ma très fidèle amitié.
>
> Claude Expedite

○ Commentaires

Quand vous vous adressez à des amis, utilisez un style simple et direct. Facilitez-leur le plus possible la tâche.

Exemple : obtenir un entretien d'information

> Monsieur,
>
> Monsieur Pierre Bigot, responsable du service après-vente des établissements X Y Z, m'a suggéré de prendre contact avec vous pour un entretien de quelques minutes concernant mon projet professionnel.
>
> J'envisage en effet de me tourner vers une activité de comptabilité et je souhaite valider cette piste.
>
> Monsieur Pierre Bigot m'a précisé que votre expérience et vos conseils pourraient m'être particulièrement utiles. Il m'a également mentionné que vous étiez très actif au sein de l'ANC (l'Association nationale des comptables).
>
> Pour votre information, je suis actuellement en phase de validation (collecte d'information) mais n'ai pas encore lancé ma campagne (ce que je compte faire sous 8 à 12 semaines).
>
> Je me permettrai de vous téléphoner pour convenir d'un entretien.
>
> Avec mes salutations les meilleures.
>
> Claude Expedite

○ **Commentaires**

Appuyez-vous, si vous le pouvez, sur des personnes qui vous servent de relais. Citez-les en début de phrase (pour que cela se lise) et sans écorcher l'orthographe de leur nom !

Comment obtenir un stage ?

Les lettres pour obtenir un stage en entreprise suivent les mêmes règles que celles qui s'appliquent à la recherche d'emploi.

Deux étapes

La demande de stage se déroule en deux étapes que sont « avant » et « après » l'entretien.

○ **Avant l'entretien**

En règle générale, il n'y a pratiquement pas d'annonce « Offre de stage », comme il existe les annonces « Offre d'emploi ». De ce fait, la majorité des lettres écrites pour obtenir des stages correspondent aux lettres de candidature spontanées pour obtenir un emploi (voir la partie consacrée à cette thématique).

○ **Après l'entretien**

Une fois l'entretien obtenu et le thème du stage arrêté, il est souhaitable, utile et nécessaire de « verrouiller » la situation.

○ *Pour cela, adressez une lettre qui :*

→ confirme l'accord auquel vous êtes parvenus (sur le principe d'effectuer un stage) ;

→ détaille les conditions de travail (dates, horaires, rémunération/dédommagement...) ;

→ et, enfin, précise le thème de votre stage. Il est essentiel d'exprimer ce thème en termes de « produit fini ». Pour cela, précisez

Autres types de lettres

à votre interlocuteur ce à quoi votre stage servira ou ce qu'il apportera de concret.

Pour rédiger un thème de stage, une technique simple consiste à compléter la phrase : « À la fin de mon stage vous aurez, vous saurez... »

Exemple : avant l'entretien

◯ Demander un entretien pour un stage en Amérique du Sud

> Objet : Demande d'entretien
>
> Monsieur
>
> Lors du colloque sur la mondialisation auquel vous avez pris part la semaine dernière à Belleville, j'ai retenu que vous envisagiez de développer vos activités par de nouvelles implantations en Amérique du Sud.
>
> C'est dans ce cadre que je souhaite vous faire part de mon expérience sur cette zone en collaborant avec vos équipes lors d'un stage qui pourrait consister en :
> - une étude de marché et/ou d'implantation ;
> - une veille concurrentielle ;
> - l'élaboration d'un plan de communication sur vos activités.
>
> Si cette proposition vous intéresse, je serais très heureux de pouvoir étudier avec vous des opportunités qui pourraient se présenter.
>
> Je vous prie d'agréer, Monsieur, l'expression de mes salutations les meilleures.
>
> Claude Expedite

➔ **Commentaires :** accrochez l'attention de votre lecteur par une information « chaude » ou un scoop. Puis, offrez des axes de travail par une approche « menu ».

Exemple : après l'entretien

○ *Finaliser, après un entretien, un stage en Amérique du Sud*

> Objet : Remerciements et projet de mission
>
> Monsieur,
>
> Permettez-moi de vous remercier pour l'agréable entretien que nous avons eu le lundi 15 décembre dernier.
>
> Je serais ravi, au cours de ma mission dans votre entreprise, de participer activement à l'un des deux projets suivants :
>
> • étude d'implantation dans 2 pays d'Amérique du Sud (recherche de partenaires, veille concurrentielle, démarches de négociation);
>
> • sélection des offres parvenant au responsable des achats (recherche de fournisseurs, e-procurement, comparaison des offres à différents niveaux tels que les prix, la qualité des produits...).
>
> Comme nous en sommes convenus, je me permettrai de vous contacter à nouveau dans deux semaines afin de définir avec plus de précision les objectifs de ma mission ainsi que la date de son démarrage.
>
> Dans l'attente de vous lire, je vous prie de croire, Monsieur, à l'expression de mes salutations les meilleures.
>
> Claude Expedite

→ **Commentaires :** reprenez le contenu de votre accord en entretien. Soyez le plus fidèle possible à ce qui a été arrêté.

Partie 5

Et après ?

Vous avez fait acte de candidature, dans le cadre d'une candidature spontanée ou d'une offre d'emploi, et avez été retenu. Que se passe-t-il après ? Et est-ce que l'écrit peut intervenir à nouveau dans le processus d'embauche ? La réponse est positive. Avant, mais aussi après un entretien… Cela prouve, en effet, votre bonne éducation, votre enthousiasme pour le poste, et votre perspicacité…

MORCEAUX CHOISIS

- « La lettre ou le courriel que vous expédiez avant l'entretien doit se limiter soit à confirmer votre venue, soit à demander quelques détails d'ordre pratique. »

- « À l'heure actuelle, les employeurs sont particulièrement sensibles à deux critères : l'enthousiasme et la persévérance. »

- « Si une organisation ne s'est pas manifestée dans les trois semaines qui ont suivi votre réponse à son annonce, relancez-la ! »

Dois-je envoyer une lettre avant l'entretien ?

Vous venez d'être convoqué et souhaitez confirmer votre venue par écrit : pourquoi ne pas écrire une missive ?

En vue d'un entretien

La lettre ou le courriel que vous expédiez avant l'entretien doit se limiter soit à confirmer votre venue, soit à demander quelques détails d'ordre pratique.

À ce stade, évitez à tout prix de viser un autre objectif que ceux cités ci-dessus. Certains candidats saisissent l'occasion de cette lettre pour parler d'eux, pour se valoriser ou commencent/entament l'entretien. Votre premier but est atteint : vous avez obtenu l'entretien. C'est uniquement durant l'entretien que vous viserez l'objectif suivant : obtenir une proposition ferme d'embauche.

Exemples

○ *Avant l'entretien d'embauche, pour confirmer l'entretien*

Madame,

C'est avec beaucoup de plaisir que je vous rencontrerai :
- le jeudi 17 mai 2004 ;
- à 10h00 ;
- dans vos bureaux, au 17 rue de l'Espoir à 12345 Belleville.

Je vous remercie de tout l'intérêt que vous portez à ma candidature et vous transmets mes salutations les meilleures.

Claude Expedite

_____ **Et après ?**

→ **Commentaires :** cette lettre prouvera votre professionnalisme. Elle mettra le recruteur de votre côté !

○ *Avant l'entretien d'embauche, pour demander des détails sur les frais de déplacement et/ou d'hébergement*

> Madame,
>
> Cette lettre pour vous confirmer que je me présenterai avec grand plaisir le 15 juillet en vos bureaux, au 17, boulevard de l'Espoir.
>
> Nous n'avons pas évoqué, lors de notre entretien téléphonique, la façon dont les frais de déplacement seraient pris en charge.
>
> Sur quelle base sont-ils remboursés ? Fonctionnez-vous selon un barème pour les frais kilométriques ou préférez-vous que je me déplace en train ?
>
> Dans l'attente de vous lire, je vous prie de croire, Madame, à l'expression de mes salutations les plus respectueuses.
>
> Claude Expedite

→ **Commentaires :** ne demandez pas si les frais de déplacement sont remboursés. Faites l'hypothèse qu'ils le sont et faites préciser la base de remboursement (en cas de démarche de réponse à une annonce, bien sûr).

○ *Avant l'entretien d'embauche, pour demander des précisions sur le lieu et/ou l'accès*

> Monsieur,
>
> Permettez-moi de vous remercier pour l'entretien que vous avez bien voulu me fixer le mardi 17 juillet à 10h00 dans votre usine d'assemblage.
>
> Pourriez-vous me préciser :
> - l'adresse exacte de votre usine ;
> - l'accès le plus simple (en voiture ou par transports publics).
>
> Si vous possédez une carte d'accès, pourriez-vous :
> - soit me la faxer au 02 43 45 67 89 ;
> - soit me la mailer à l'adresse suivante : candidat@internet.com
>
> Je me réjouis de faire votre connaissance et vous prie de croire, Monsieur, à l'expression de mes salutations les meilleures.
>
> Claude Expedite

Réussir ses lettres de motivation

→ **Commentaires :** faites simple. En cas de non réponse, téléphonez au standard de l'entreprise pour vous faire préciser ce que vous recherchez.

Dois-je écrire une lettre après l'entretien ?

Après un entretien, des lettres, appartenant à deux types de catégories, peuvent être envoyées.

Premier type de lettre

○ *Il s'agit d'une lettre de remerciements* dans laquelle vous :
  → remerciez d'avoir été reçu ;
  → reprenez 2 ou 3 éléments clés caractérisant le poste à pourvoir ;
  → exprimez votre intérêt, et remerciez.

L'expérience montre que cette lettre est très importante et que la décision d'offrir un poste est parfois prise grâce à cette lettre (l'entreprise hésitant entre plusieurs candidats).

Cette lettre doit être simple, directe et factuelle.

○ *Une telle lettre :*
  → est courtoise et prouve votre bonne éducation (vous vous démarquez des autres candidats concurrents pour le même poste qui ne l'envoient pas) ;
  → prouve votre bonne écoute et sensibilité aux préoccupations du recruteur ;
  → montre votre intérêt. Or, à l'heure actuelle, les employeurs sont particulièrement sensibles à 2 critères : l'enthousiasme et la persévérance.

_____ Et après ?

> **Vous n'avez pas été bon !**
>
> L'entretien vient de s'achever et au moment du bilan que vous dressez – tous les entretiens doivent faire l'objet d'un bilan –, vous réalisez que vous avez mal répondu à telle ou telle question, que vous n'avez pas bien argumenté ou que vous avez omis de préciser certains éléments de votre parcours... Pourquoi ne pas envoyer un mail à votre interlocuteur afin de lui préciser certains éléments ? Attention, en aucun cas, il ne faut écrire un résumé de ce que vous avez dit en entretien, mais bien compléter ou préciser vos propos.

Deuxième type de lettre

Il existe plusieurs sortes de lettres appartenant à ce deuxième type. Elles sont toutes stratégiques et délicates :
→ dans certains cas, vous remettez en question la décision prise ou l'offre qui vous est faite ;
→ dans d'autres cas, vous déclinez la proposition ;
→ et dans d'autres, enfin, vous refusez d'avoir été éliminé et retentez votre chance par une dernière approche stratégique.

Exemples

◯ *Après l'entretien d'embauche, pour remercier de l'intérêt porté à votre candidature*

Monsieur,

Cette lettre fait suite à l'entretien particulièrement chaleureux que vous avez bien voulu m'accorder le 7 février dernier.
J'ai bien noté que les 3 tâches clés du poste que vous avez à pourvoir sont :
• préparer hebdomadairement les séminaires débutant la semaine suivante ;
• compiler les restitutions de séminaires reçues des animateurs dès leur réception ;
• établir mensuellement des états statistiques et rédiger les rapports correspondants.

Réussir ses lettres de motivation

▶▶ *Cette fonction correspond exactement à celle que je recherche et c'est avec beaucoup d'intérêt que j'attends votre proposition.*

Je vous remercie encore et vous prie de croire, Monsieur, à l'expression des mes salutations les meilleures.

Claude Expedite

→ **Commentaires :** cette lettre est capitale, essentielle. Elle rajoute quelques points précieux à votre candidature. Votre détermination est un élément clé dans leur prise de décision.

○ **Après l'entretien d'embauche, pour interrompre les discussions parce que vous n'êtes pas intéressé**

Cher Monsieur,

Tout d'abord, permettez-moi de vous remercier de l'entretien particulièrement chaleureux que vous m'avez accordé le 17 septembre dernier dans vos bureaux.

Au cours de notre discussion, vous m'avez fourni des informations très complètes sur le développement de votre entreprise et proposé un poste en tant que « Responsable du service après-vente ».

Après mûre réflexion, je tiens à vous préciser que je ne souhaite pas donner suite à votre proposition, malgré tout l'intérêt qu'elle représente. Il va sans dire qu'il a été très difficile de prendre une telle décision car l'ambiance de travail qui règne dans votre entreprise et votre taux de croissance sont des facteurs que j'aurais appréciés. Néanmoins, ce poste ne correspond pas complètement aux objectifs que je me suis fixés.

Nos chemins se croiseront peut-être une prochaine fois. Dans l'intervalle, je tiens à vous remercier de votre proposition et vous prie de croire, Monsieur, à l'expression de mes salutations les meilleures.

Claude Expedite

→ **Commentaires :** soyez très délicat dans vos propos. Un destinataire susceptible ou orgueilleux peut très mal prendre ce type de lettre.

_____ Et après ?

Puis-je demander par écrit des références à mon ancien employeur ?

Les références sont parfois demandées par des recruteurs et, ce, pour des raisons diverses. Comment les obtenir ? Réponse...

Références : à quoi ça sert ?

Certains employeurs ont – dans le domaine des références – une politique très stricte. Ils souhaitent :
→ vérifier si ce que leur disent les candidats est vrai ;
→ découvrir éventuellement des informations que des candidats auraient oublié (volontairement ou involontairement) de leur communiquer ;
→ s'assurer que l'adéquation entre les compétences/valeurs/ potentiels des candidats correspondent bien aux responsabilités qu'ils souhaitent leur confier.

Ces pratiques font parfois bondir certains candidats. Ils trouvent qu'il s'agit d'une intrusion inadmissible. Si c'est ce que vous ressentez et si vous le vivez très mal, interrompez les négociations. Votre quotidien avec cet employeur risque d'être difficile.

Exemples

◐ *Demander des références à un ancien employeur*

Madame,

La société XYZ vient de me proposer de la rejoindre pour y occuper le poste de « Responsable qualité ». Cette fonction correspond exactement à ce que je recherche dans le domaine des produits alimentaires frais.

Afin de compléter mon dossier de candidature je dois leur fournir un certificat de travail de mes 3 derniers employeurs.

▶▶

Réussir ses lettres de motivation

▶▶ *Pourriez-vous être assez aimable pour me faire parvenir ce document ? Voici quelques informations qui vous permettront de l'établir :*
Prénom : Alain   Nom : DUJARDIN
Poste occupé dans votre entreprise : Assistant Administratif
Du : 1/1/1999 au 31/3/2004
N° de Sécurité sociale : 02 69 06 93 123 456 05
Adresse : 16, rue du Futur
54321 Belleville
Téléphone : 02 49 87 65 21
E-mail : candidat@emploi.com
En vous remerciant, je vous prie de recevoir, Madame, mes salutations les meilleures.
                                                                    Claude Expedite

→ **Commentaires :** en cas de non réaction sous 5 jours, n'hésitez pas à téléphoner pour relancer votre destinataire. Ce genre de démarche peut traîner.

◯ Demander des références à un ami

Cher Dominique,
Encore merci pour ce merveilleux week-end qui m'a permis de mieux faire connaissance de tes cousins.
Comme tu le sais, je suis en période active de recherche d'emploi et les choses se présentent bien. Dans ce cadre, j'aimerais te demander de me rendre un petit service.
L'une des sociétés que j'ai approchées m'a demandé de lui transmettre une lettre de référence morale d'une personne :
• que je connais ;
• qui m'apprécie et... que j'apprécie ;
• qui occupe un poste à responsabilités.
Puis-je te demander de rédiger cette lettre et de me la faire passer pour que je la leur transmette.
Si ceci te pose le moindre problème, n'hésite surtout pas à me le faire savoir.
Avec ma fidèle amitié.
                                                                    Claude Expedite

→ **Commentaires :** faites suivre cette lettre d'un appel téléphonique pour vous assurer que votre demande n'importune pas votre ami.

_____ Et après ?

Que dois-je faire si une entreprise reste silencieuse ?

Vous avez envoyé votre candidature à une entreprise et celle-ci reste muette, que faire ?

Pourquoi le silence ?

Plusieurs raisons peuvent expliquer le silence d'une entreprise auprès de laquelle vous avez postulé :
→ la non réception de votre lettre/dossier ;
→ la surcharge de travail engendrée par le traitement des dossiers beaucoup plus nombreux que prévus ;
→ le faible intérêt que présente votre candidature ;
→ votre classement, par la société qui recrute, dans sa pile de « second choix ». La société traite d'abord les candidats de son « premier choix » ;
→ une pratique subtile : l'entreprise fait « le mort » en attendant que vous la relanciez. C'est une technique de sélection pour révéler les candidats les plus motivés ;
→ l'abandon pur et simple du projet de recruter un candidat.

Selon les cas, votre stratégie de réaction peut être différente. Voici quelques suggestions d'actions qui vous seront utiles et mettront fin à l'angoisse qu'une attente peut engendrer.

Si une organisation ne s'est pas manifestée dans les 3 semaines qui ont suivi votre réponse à son annonce, relancez-la !

La plus mauvaise façon de relancer consiste à envoyer une lettre dans laquelle vous vous étonnez du silence qui a suivi votre démarche. Elle sera perçue comme émanant d'un candidat inquiet, angoissé et légèrement irrité. Le côté « leçon de morale » risque de déplaire.

Réussir ses lettres de motivation

Dans le cas d'une réponse à annonce

- *La première formule* (la plus sûre et la plus simple) consiste à demander à un ami de téléphoner pour demander s'il est encore temps de poser sa candidature pour le poste décrit dans l'annonce à laquelle vous avez répondu. Vous découvrirez peut-être, à votre grande surprise, que la sélection est déjà terminée et qu'un candidat a été recruté !

- *Une seconde formule* consiste à appeler vous-même pour savoir où en sont les choses. Évitez de déranger un décisionnaire (qui risquerait de vous faire passer un entretien téléphonique : une partie de corde raide !). Prenez contact avec un assistant et questionnez-le.

- *Une troisième formule* consiste à écrire (un modèle de lettre vous est proposé un peu plus loin).

- *Une quatrième et dernière méthode* est osée mais porte souvent ses fruits. Si vous avez répondu à une annonce par la méthode classique (lettre plus C.V.), reposez votre candidature :
  → en l'adressant à votre futur responsable hiérarchique et non au chargé de recrutement ;
  → en ne mentionnant pas votre première démarche ;
  → en utilisant une lettre point par point.

Si l'on vous fait remarquer en entretien votre double candidature pour le même poste, souriez et dites : « J'ai pensé que la persévérance était l'un des critères de votre choix. J'ai voulu vous prouver la mienne. »

Dans le cas d'une candidature spontanée

- *La première formule* consiste à téléphoner en vérifiant - auprès de l'assistant de la personne à qui vous avez écrit - que votre lettre

_____ Et après ?

> ### Votre candidature a été rejetée : essayez d'en connaître les raisons
>
> Le moment n'est certes pas très agréable mais il peut vous éviter des embûches dans la suite de votre démarche. Vous avez postulé pour un emploi, avez été convoqué/ou pas à un entretien, mais n'avez pas été retenu au final. Les raisons de ce rejet vous permettront peut-être de cerner des maladresses ou de faire la lumière sur des erreurs que vous commettez involontairement. Pour recueillir le témoignage de votre interlocuteur, le plus simple est de lui envoyer un mail en lui demandant directement et fort aimablement pourquoi il ne vous a pas retenu. Si celui-ci répond – ce qui ne sera pas systématiquement le cas –, ne surenchérissez pas en tentant de vous justifier, ou pire, de démontrer qu'il a tort. Et tentez d'analyser ce qu'il dit pour améliorer votre candidature et vos prestations à venir.

est bien parvenue, puis en essayant de fixer un rendez-vous (en évitant à tout prix un entretien téléphonique !).

○ *La seconde formule* consiste à écrire. Dans ce cas, vous avez intérêt à envoyer un texte sibyllin sans préciser le contenu de votre première lettre restée sans réponse. Un modèle vous est proposé dans les pages qui suivent.

Des exemples

○ *Relancer après une réponse à annonce*

Monsieur,

Le 17 avril dernier, vous avez fait paraître une annonce dans le journal « La Voix Du Sud » pour un poste de « Secrétaire de direction ».

Pour votre information, je suis sur le point de donner très prochainement une réponse à un employeur qui m'a fait une proposition ferme d'embauche.

Réussir ses lettres de motivation

▶▶ Néanmoins, je tenais à vous dire que le poste que vous avez à pourvoir offre les types d'objectifs et de responsabilités que je recherche et correspond tout à fait à mon profil.

Dans l'attente de vous lire, je vous prie de croire, Monsieur, à l'expression de mes salutations les meilleures.

Claude Expedite

→ **Commentaires :** tirez votre dernière cartouche. Votre risque est nul. Gardez un ton « d'égal à égal ».

○ *Relancer après une démarche spontanée*

Madame,

Dans la semaine du lundi 16 juin, vous avez dû recevoir un document, que je vous ai fait parvenir, et qui comportait une proposition.

Je suis sur le point de prendre une décision et votre réaction me serait utile.

Au cas où vous n'auriez pas reçu mon courrier, vous m'obligeriez en m'en faisant part et je me ferais un plaisir de vous en transmettre une copie.

Avec mes salutations les meilleures.

Claude Expedite

→ **Commentaires :** restez sibyllin. N'entrez surtout pas dans les détails en précisant le contenu de votre courrier précédent.

Comment utiliser l'écrit après une proposition d'emploi ?

Bravo ! Vous approchez du but et vos souhaits se matérialisent. Vous venez de recevoir une ou plusieurs propositions fermes d'embauche. Comment y répondre ?

Soyez diplomate

Si votre recherche a été longue et difficile, vous aurez sans doute tendance à accepter sans réserve (et parfois sans réfléchir) la première proposition qui vous sera faite.

Et après ?

Si tel est le cas, il vous faut en principe l'accepter. Évitez cependant de le faire aveuglement. Si certaines promesses vous semblent trop belles, parlez-en à 2 ou 3 de vos connaissances et - le cas échéant - demandez qu'elles soient confirmées par écrit.

En tout état de cause, si vous deviez renégocier ou décliner cette proposition, faites-le avec le plus de diplomatie possible. Souvent, l'embarras engendré par une situation/négociation délicate engendre une certaine brutalité. Évitez-la à tout prix. Soyez ferme, ouvert et... souriant.

Des exemples : après une offre faite par le recruteur

○ *Après un entretien d'embauche, accepter l'offre faite*

> Madame,
>
> Votre lettre du 16 avril 2004 m'est bien parvenue et je vous en remercie.
>
> C'est avec beaucoup de plaisir que j'accepte votre proposition d'embauche. Les détails qui figurent dans votre lettre reflètent parfaitement les thèmes que nous avons couverts au cours de notre entretien.
>
> Comme vous me le demandez, je signe une copie de votre proposition et vous la retourne pour accord.
>
> J'ai la conviction que je pourrai vous offrir le meilleur de moi-même dans cette fonction qui correspond exactement à celle que je recherche.
>
> Comme vous me le proposez, je me présenterai à vos bureaux le lundi 1er juin 2004 pour prendre mes nouvelles fonctions.
>
> Je vous remercie encore et vous prie de croire, Madame, à l'expression de mes salutations les meilleures.
>
> Claude Expedite

→ **Commentaires :** faites sobre. Soulignez votre adéquation au poste et exprimez votre joie.

Réussir ses lettres de motivation

○ *Après un entretien d'embauche, proposer un entretien complémentaire*

> Monsieur,
>
> Votre lettre me proposant un poste de « Vendeur à domicile » m'est bien parvenue et je vous en remercie.
>
> Cette proposition correspond à l'objectif professionnel que je me suis fixé. Cependant, certains détails restent à préciser et je souhaiterais pouvoir vous rencontrer pour les couvrir. Il s'agit essentiellement de points de détail et vingt minutes suffiront.
>
> Dans l'attente de vous lire je vous transmets, Monsieur, mes salutations les meilleures.
>
> Claude Expedite

→ **Commentaires :** demandez une entrevue en face-à-face. Évitez à tout prix un entretien par téléphone en prétextant le côté stratégique du sujet.

○ *Après un entretien d'embauche, repousser votre décision et demander un délai*

> Monsieur,
>
> Tout d'abord permettez-moi de vous remercier de l'accueil particulièrement chaleureux que vous m'avez réservé lors de notre entretien du 15 juillet dernier.
>
> Le poste que vous souhaitez pourvoir correspond exactement à ce que je recherche, me permet de progresser dans ma carrière et je tiens à vous remercier très vivement de votre proposition d'embauche.
>
> C'est avec beaucoup de plaisir que je l'accepterai. Cependant, entre notre entretien et la réception de votre lettre, un événement de nature familiale m'oblige à repousser de quatre à six semaines ma confirmation d'acceptation de ce poste.
>
> J'espère que ce délai ne présentera pas pour vous un handicap majeur.
>
> En vous remerciant encore pour la confiance que vous m'avez témoignée, je vous prie de croire, Monsieur, à l'expression de mes salutations les meilleures.
>
> Claude Expedite

→ **Commentaires :** une entreprise très intéressée par un candidat saura toujours l'attendre 4 à 6 semaines.

Et après ?

○ Après un entretien d'embauche, rouvrir les négociations

Monsieur,
Cette lettre fait suite à notre entretien du 20 octobre 2003.
Permettez-moi tout d'abord de vous remercier pour votre proposition ferme d'embauche, qui correspond exactement à ce que je recherche en termes de tâches et de responsabilités.
Un seul point me retient de pouvoir vous confirmer mon accord et il s'agit du salaire. En effet, comme je vous l'ai précisé au cours de notre entretien, le niveau minimum de salaire que je me suis fixé est de XXX euros par mois. Ce montant correspond à l'ensemble des dépenses auxquelles je dois faire face. De ce fait, un écart de XXX euros mensuels nous sépare.
Puis-je vous demander de reconsidérer votre proposition ? Je souhaiterais que le salaire proposé corresponde au bas de la fourchette que je me suis fixée.
J'espère sincèrement que nous pourrons aboutir à un accord, car le style de gestion de votre entreprise et les responsabilités que vous êtes sur le point de me confier me conviennent parfaitement.
Dans l'attente de vous lire, je vous prie de croire, Monsieur, à l'expression de mes salutations les meilleures.
                                                    Claude Expedite

→ **Commentaires :** utilisez un ton calme. Montrez à la fois votre intérêt et votre détermination.

○ Après un entretien d'embauche, mettre fin aux négociations

Monsieur,
Votre proposition d'embauche m'est bien parvenue et je vous en remercie.
Après l'avoir étudiée avec soin, je suis au regret de vous écrire que je ne pense pas y donner suite.
Cette décision a été très difficile à prendre. En effet j'ai beaucoup apprécié le climat, les valeurs et l'esprit de votre société.
En vous remerciant encore, je vous prie de croire, Monsieur, à l'expression des mes salutations les meilleures.
                                                    Claude Expedite

→ **Commentaires :** faites court et bref ; qui s'excuse (trop) s'accuse !

Réussir ses lettres de motivation

Exemples : après un refus par le recruteur de votre candidature

○ **Après un refus par le recruteur après l'entretien, accepter sa décision**

> Chère Madame,
>
> Permettez-moi tout d'abord de vous remercier de l'intérêt porté à ma candidature et de l'accueil particulièrement chaleureux que vous m'avez réservé lors de notre entretien.
>
> Je viens de recevoir votre lettre dans laquelle vous me précisez avoir trouvé un candidat correspondant exactement au profil que vous recherchiez.
>
> Sachez que j'en suis ravi pour vous et que je regrette que nous n'ayons pu aboutir à un accord.
>
> Je profite de cette lettre pour vous redire mon intérêt pour votre société et si une opportunité devait se faire jour, je serais heureux de reprendre contact avec vous.
>
> Avec mes salutations les meilleures.
>
>   Claude Expedite

→ **Commentaires :** évitez de claquer la porte. Elle risque de s'entrouvrir si leur candidat fait faux bond.

○ **Après un refus, par le recruteur après l'entretien, ne pas accepter sa décision et repartir à la charge**

> Monsieur,
>
> Votre lettre du 26 mars, me précisant votre décision de ne pas donner suite à ma candidature, m'est bien parvenue.
>
> Peut-être qu'une formule de mandat/mission (sous forme d'honoraires) ou de CDD (Contrat à durée déterminée) pourrait nous permettre de trouver une solution.
>
> J'ai bien noté vos réserves et votre souhait de ne pas vous engager à long terme en raison des incertitudes du marché.
>
> Dans l'espoir que cet élément nouveau retiendra votre attention, je vous prie d'agréer, Monsieur, mes meilleures salutations.
>
>   Claude Expedite

_____ **Et après ?**

→ **Commentaires :** demandez-vous : « Que peut-il m'arriver de terrible si j'insiste ? ». La réponse est : rien.

Puis-je utiliser l'écrit pour annoncer mon embauche ?

Vous venez d'être embauché et souhaitez en informer qui de droit. L'écrit n'est alors pas à négliger...

Remerciez !

La recherche d'emploi est une opération stressante, éprouvante, parfois difficile et pénible surtout lorsqu'elle se prolonge.

Quand cette période touche à sa fin, vous n'avez qu'un seul souhait : l'oublier le plus rapidement possible. Ceci est tout à fait logique et normal.

Cependant, dans ce processus d'oubli vous risquez de jeter « le bébé avec l'eau du bain ». « L'eau du bain », ce sont toutes ces personnes qui, sur votre chemin, vous ont aidé ou que vous avez sollicitées.

Tous ces soutiens, avis, conseils, informations et appuis dont vous avez bénéficié doivent être reconnus et remerciés et ce, pour quatre raisons :
→ par politesse élémentaire ;
→ par « reconnaissance de l'estomac » ;
→ pour leur faire plaisir en retour ;
→ et enfin, très opportunément, parce que vous aurez peut-être encore à faire à eux !

Des exemples de telles lettres vous sont donnés dans les pages qui suivent.

Réussir ses lettres de motivation

Des exemples

○ **Annoncer votre nouvel emploi, sans interruption professionnelle**

> Cher Monsieur,
>
> La société XYZ m'a proposé de la rejoindre pour y occuper le poste de « Chef de projet - Asie ». J'ai accepté cette proposition et débuterai chez eux le 1er mai 2004.
>
> Comme vous pouvez le deviner, il m'a été très difficile d'annoncer cette nouvelle à mon employeur (dont j'ai toujours apprécié l'esprit et la politique).
>
> Néanmoins, j'aurai dans ce nouveau poste des responsabilités que mon employeur actuel ne peut m'offrir en raison de la taille de son entreprise.
>
> Je vous tiendrai au courant de ces nouvelles responsabilités et des défis de ce nouveau poste.
>
> En vous remerciant de l'intérêt que vous avez toujours exprimé pour ma carrière, je vous transmets mes salutations les plus respectueuses.
>
> Claude Expedite

→ **Commentaires :** expliquez les choses avec doigté. Présentez clairement le dilemme que vous avez vécu.

○ **Annoncer votre nouvel emploi, après une période difficile sans emploi**

> Chère Madame,
>
> Cette lettre pour vous informer qu'à partir du lundi 1er septembre 2004, je serai employé par la société XYZ comme « Assistant administratif ».
>
> Vous avez été l'une des personnes qui m'a le plus soutenu durant ma recherche.
>
> Je tenais non seulement à vous le dire mais également à vous en remercier très sincèrement. Comme vous le savez, certaines des phases de la période que j'ai traversée ont été très pénibles et votre soutien extrêmement utile.

▶▶

Et après ?

▶▶ > *Je serais ravi, si votre agenda vous le permettait, de vous inviter à partager un repas. Il vous suffit pour cela de me préciser vos disponibilités.*
> *En vous remerciant encore, je vous prie de croire, chère Madame, à l'expression de mes sentiments les plus respectueux.*
>
> Claude Expedite

→ **Commentaires :** laissez parler votre cœur. Partagez une ou deux choses sincères.

Réussir ses lettres de motivation

Annexe

Après beaucoup de conseils et un peu de pratique, vous trouverez ci-dessous des paragraphes types et des exemples de candidatures spontanées reflétant, dans le premier cas, des univers différents, et dans le second, une variété dans le mode d'approche. Puisqu'il n'existe pas de lettre parfaite, ces documents n'ont, en aucun cas, valeur de modèle : ce sont simplement des exemples susceptibles de vous donner des idées...

Des exemples de paragraphes

Administration

En tant que directeur administratif d'une entreprise de services, j'ai réussi à améliorer de 2 % la marge brute de notre société. Ceci a été réalisé avec la collaboration du chef du personnel, en appliquant une méthode nouvelle au niveau de la négociation des accords d'entreprise.

La société DATA-TECH m'avait confié la réorganisation de son secteur administratif. Assisté d'une secrétaire j'ai, en 2 mois, instauré des méthodes plus performantes se traduisant pas un gain de temps de 20 % dans l'exécution des tâches journalières.

Commercial

Le regroupement de plusieurs points de vente m'a conduit à créer et développer un centre d'exploitation couvrant 1/3 de la région parisienne avec un chiffre d'affaires de 60 millions de francs. Entouré d'une équipe de 32 personnes j'ai amené mon agence en position de leader du marché grâce à l'élaboration d'une méthode de vente personnalisée.

Suite à la suppression des ventes extérieures, j'ai fait part à mon directeur d'une idée qui pouvait faire augmenter le chiffre d'affaires et garder le contact avec une clientèle déjà existante. Cette solution de remplacement consistait à organiser des tournées quotidiennes dans différents secteurs avec un camion exposition et à prendre des commandes chez les clients préalablement sélectionnés. Le résultat a été positif : dépassement de plus de 50 % des prévisions

Communication

Ma mission consistait à suivre les réunions des organisations internationales et à en faire la synthèse sous forme d'articles. Grâce à mes nombreux contacts,

Annexe

J'ai pu réaliser des interviews exclusives auprès de personnalités de premier plan (responsables politiques, ministres et ambassadeurs). Ainsi, l'audience de l'hebdomadaire pour lequel je travaillais a fait un bond et son tirage est passé de 250 000 à 320 000 exemplaires.

J'ai orchestré le lancement publicitaire de « TELESPOT ». La réussite de l'opération a permis à cette société de conquérir en 18 mois 30 % de part de marché au détriment du leader « ULTRAPHONE ». L'adoption d'un ton de communication jusqu'alors inexploité dans ce secteur a donné un énorme impact à la campagne que j'ai organisée. Cela nous a valu le grand prix de la revue « LOGOSTRAT » dans la catégorie « Business to Business ».

Comptabilité

J'ai organisé la comptabilité de 12 points de vente et suis arrivée à donner mes résultats 2 jours après la fin du mois au lieu de 5 auparavant. Pour cela, j'ai utilisé une méthode classique : être à jour dans la gestion du stock et des chiffres. Ceci a permis à mon employeur d'être plus efficace dans un domaine soumis à une grande concurrence.

À l'intérieur d'une holding, j'ai été responsable de la préparation de l'intégralité des états financiers de ses 22 filiales. Sur une période de 10 ans, près de 90 % de mes états ont été approuvés par les réviseurs. 10 % d'entre eux n'ont fait l'objet que de modifications mineures.

Directeur général

Chargé de maintenir les délais de réalisation d'un projet sur 3 ans, je gérais pour cette mission une équipe de 50 ingénieurs démotivés par une récente restructuration. Malgré cela et bien que des dérives techniques importantes aient été constatées dans le passé, j'ai pu mener à bien cette entreprise dans le temps imparti et à l'entière satisfaction du client.

J'ai été, à deux reprises, directeur d'une centrale d'achats. Dans mes dernières fonctions, j'ai traité avec mes acheteurs 25 000 références auprès de 600 fournisseurs. Mes services assuraient le suivi complet de l'achat à la livraison : commande, livraison usine, paiement fournisseur, regroupement transitaire, transport à longue distance.

Documentaliste

Pour avancer plus rapidement dans un travail de recherche, j'ai indexé et croisé des références de documents me permettant de traiter de 200 à 250 sources en moyenne par trimestre.

Pour faire face à des réductions budgétaires importantes et continuer à assurer un service de qualité, j'ai négocié systématiquement avec tous nos fournisseurs d'informations. Cette opération a duré 18 mois. Elle a permis d'obtenir le même service avec un budget égal à 80 % du budget initial.

Réussir ses lettres de motivation

Exportation

J'ai conçu et mis en place une stratégie de distribution internationale pour une entreprise de taille moyenne. Les ventes ont augmenté de 5 millions de francs sur le marché américain et de 2 millions sur le marché japonais. Ces objectifs ont pu être atteints malgré la faiblesse des moyens et le fait que l'entreprise était très peu connue.

En 5 ans, nous avons créé 35 concessions et formé leurs agents ainsi que leur personnel malgré de faibles moyens. Pour atteindre ces résultats, je disposais d'une équipe d'une dizaine de personnes. Tout cela, alors que le marché mondial chutait de 8 % par an du fait du premier choc pétrolier.

Finances (gestion)

J'ai géré un portefeuille de fonds de sociétés de 60 millions d'euros. En 2003, les conditions du marché étaient extrêmement difficiles. Avec une équipe de 4 personnes, nous avons réussi à réaliser 12 % de rentabilité sur les investissements. Nous avons bien sûr utilisé les instruments conventionnels, mais également un outil innovant que j'avais mis au point.

La banque FINOR m'a confié la gestion de ses clients difficiles. J'ai créé une base de données me permettant d'assurer un service de qualité aussi bien dans le front que dans le back-office. Les réclamations ont diminué de 60 %.

Formation

Durant 1 année j'ai conçu, dans le domaine de la vente, 12 séminaires de 3 semaines qui ont permis de former 150 personnes avec un taux de satisfaction de 95 %.

À travers les opérations de formation que j'ai mises au point, nos clients ont augmenté leurs ventes de plus de 20 %. J'ai formé plus de 200 personnes, à la fois sur une base individuelle et en groupe. Ceci a permis d'accélérer la mise en place du système informatique (logiciels et matériel).

Informatique

Chargé de l'aménagement informatique du réseau commercial d'un établissement financier, j'ai équipé 150 agences en 15 mois. Ceci a permis la mutation, sans aucun incident, de 200 personnes issues du siège. Pour y parvenir, j'ai appliqué les 5 principes simples de planification de transfert.

À l'occasion de la réorganisation de la direction des entreprises, j'ai installé en 1 an le nouveau système d'informatique supporté par un réseau de plus de 50 micro-ordinateurs connectés à des serveurs de données. Pour cela j'ai utilisé une méthode spécifique. Le nouveau système permet de traiter le même nombre de dossiers avec 30 % d'effectifs en moins.

Juriste

Lors du renouvellement de la convention collective, j'ai réussi à diminuer le coût salarial annuel de 15 %. Ceci a été obtenu malgré une réduction de 2 heures de l'horaire hebdomadaire. Cette négociation a eu lieu au sein d'une pro...on soumise à de fortes fluctuations saisonnières.

J'ai inventé une nouvelle approche pour favoriser la croissance de productivité du département « tax planning ». En fin de mission, j'avais créé plus de 150 schémas fiscaux, recruté et staffé 89 sociétés situées dans 17 pays.

Ceci dans un environnement qui requiert une grande discrétion, le sens de la sécurité, voire le secret. Je m'étais entouré d'une équipe de fiscalistes entièrement constituée par rapport à mes besoins.

Marketing (chef de produit)

J'ai été chargée, pendant 5 ans, de la promotion d'une maison de convalescence pour cadres masculins ; le taux d'occupation de cet établissement ne dépassait pas 38 %. Par mes relations avec le milieu médical et chirurgical, j'ai fait passer le taux de fréquentation à 98 %, sans augmenter le volume du personnel.

J'ai coordonné la réalisation d'une plaquette pour présenter notre nouvelle campagne publicitaire à nos agents. Nous avons réussi à obtenir l'aval de plus de 90 % d'entre eux. Les ventes ont progressé de 17 % l'année suivante.

Personnel (gestion)

Un de mes objectifs a été de diminuer de 25 % le taux d'absentéisme. Pour y parvenir, j'ai utilisé l'information et l'animation de séances de groupes complétées par des entretiens individuels.

Stimulant le personnel par l'information régulière sur la « température » de l'entreprise et en accordant, dans la mesure du possible, les congés souhaités, j'ai observé une diminution du taux d'absentéisme de l'ordre de 50 %.

Production

Pendant 2 ans, j'ai été responsable de l'engineering de la société PREIX (depuis la prise de contact client jusqu'à la mise en route des usines). Ma principale réalisation : une usine d'un montant de 20 millions d'euros, dont 10 millions de nos fournitures, comprenant le traitement du lait, des chaînes de manutention et le réseau de distribution des fluides (eau, vapeur, air comprimé). L'usine fonctionne automatiquement et traite 500 000 litres par jour.

Chargé de réduire le coût de production d'un atelier de 30 personnes fabriquant des clignotants pour automobiles et deux-roues, j'ai obtenu deux améliorations :

– par une formation et une sélection du personnel et en introduisant des contrôles systématiques, j'ai diminué le taux de rebut dans le rapport de 1 à 4 ;

– en améliorant les conditions de travail et en réétudiant les postes de montage, j'ai augmenté les cadences de 20 %.

Réussir ses lettres de motivation

Publicité

J'ai organisé le suivi d'une campagne publicitaire, tant au niveau de l'envoi de 3 000 documents que de la prise de rendez-vous lors des réponses positives. Par cette campagne, ma société a enregistré, en moyenne, 10 commandes supplémentaires par mois (soit + 20 %).

Nous avons été cités 15 fois dans la presse spécialisée grâce à 10 actions MERP. Malgré la faiblesse de notre budget, nous avons été reconnus comme les leaders dans notre secteur.

Transports

Grâce à un document particulièrement bien renseigné que j'ai mis au point, l'entreprise a économisé une demi-journée de travail administratif par expédition. Le document en question résumait et simplifiait toutes les procédures habituelles. Il est toujours employé dans la société.

Grâce à une méthode mise au point avec la collaboration de nos fournisseurs (notre gamme de produits était particulièrement demandée avant les périodes de vacances), j'ai réussi à faire livrer 94 % de notre clientèle dans les délais. Ce nouveau concept a eu pour conséquence directe une augmentation du chiffre d'affaires de 13 %.

Le dossier de candidature

Lettre de motivation et C.V.

Monsieur,

Cette lettre fait suite à l'annonce parue le 11 décembre 2003 dans le journal « Les Nouvelles » sous la référence 345, pour un poste d'« Assistant-chef de produit ».

Comme vous pourrez le lire dans mon curriculum vitae joint à cette lettre, mon expérience et mes données personnelles correspondent aux critères que vous avez précisés dans votre annonce.

Connaissances de l'anglais et de l'allemand

J'ai passé deux ans à Denver au Colorado (USA), où j'ai travaillé dans le service exportation de la société X Y Z. Je viens de terminer également un séjour de cinq années à Berlin (Allemagne) en tant que responsable de la logistique d'une société d'accessoires (Société ABC).

▶▶

Capacité de gérer une équipe

Dans mon dernier poste, j'étais responsable d'une équipe de six personnes qui sont devenues totalement autonomes après 4 mois.

Connaissance de l'informatique

Je maîtrise parfaitement Word et Excel. De plus, je suis capable de programmer une base de données et construire un site Web.

Sens des responsabilités

Dans la société X Y Z, j'avais l'entière responsabilité de la recherche, la sélection et la signature de contrats de 17 distributeurs. Par la suite, j'ai négocié avec eux des objectifs annuels. Il en est résulté un chiffre d'affaires de 7 millions d'euros.

Je reste à votre disposition afin de pouvoir développer ces points au cours d'un entretien que vous voudrez bien me fixer.

Avec mes salutations les meilleures.

Claude Expedite

Pièce jointe : curriculum vitae.

→ **Commentaires :** reprenez tous les points de l'annonce et répondez à chaque point et joignez votre CV...s'ils le demandent.

Lettre point par point

Madame,

Cette lettre fait suite à l'annonce publiée dans « Les Nouvelles » du 3 février 2004 pour un poste de « Responsable en marketing » et dans laquelle vous recherchez un candidat possédant les 5 caractéristiques ci-dessous.

Maîtrise de l'anglais

L'anglais est ma langue maternelle. Par ailleurs je parle parfaitement le français puisque j'ai effectué mes études dans cette langue et ai vécu 16 ans en France.

Réussir ses lettres de motivation

> **Diplôme universitaire**
>
> Je possède une maîtrise de gestion des entreprises et de projet international de l'université de Belleville.
>
> **Trois années d'expérience**
>
> J'ai travaillé pour la société de cosmétiques X Y Z durant deux ans. Ma mission était de développer des produits sur le marché asiatique. Pendant cette période, les ventes ont augmenté de plus de 30 % par an. Par ailleurs, j'ai été responsable de vente pendant deux ans dans la société A B C, spécialisée dans la distribution de produits chimiques.
>
> **Autonome et indépendant**
>
> Lors de mon dernier poste, j'ai pu fixer mes objectifs et gérer mes budgets de manière totalement indépendante et autonome. Les seules relations avec mon responsable hiérarchique consistaient en une séance de travail d'une journée chaque mois. Le reste de la communication se faisait essentiellement par courriel ou téléphone.
>
> **Orienter les clients**
>
> Ma réussite professionnelle est due en grande partie à « la culture client » que j'ai sans cesse entretenue ou développée. Dans la société RST, j'ai, entre autres, conçu un club de clients afin de permettre l'échange d'expériences et la mise en place de systèmes de « Benchmarking ». Ceci a permis un accroissement de la fidélisation qui est passée de 41 % à 72 % en deux ans.
>
> Je reste à votre disposition pour tous renseignements complémentaires et serai ravi de développer l'un des points ci-dessus au cours d'un entretien que vous voudrez bien me fixer.
>
> Avec mes salutations les meilleures.
>
> Claude Expedite

→ **Commentaires**

Reprenez tous les points de l'annonce et répondez à chaque point mais... sans joindre votre CV même si les recruteurs le demandent.

Annexe

Réponse classique

Monsieur le Professeur,

L'annonce parue dans « Les Nouvelles » du lundi 23 avril pour le poste de laborantine en biologie auprès de votre unité d'écologie a retenu toute mon attention et je vous envoie, ci-joint, mon dossier de candidature.

Le monde des plantes m'a toujours fascinée et l'écologie est sûrement le domaine de choix au service duquel je souhaite à présent poursuivre mon métier de laborantine.

Avec une pratique de plus de 16 ans dans différents milieux du médical, de l'université et de l'industrie, aussi bien dans le diagnostic que la recherche, j'ai acquis une solide expérience de mon métier. Je m'adapte facilement à mon environnement et j'apprends toujours volontiers de nouvelles techniques de laboratoire.

A mon dernier poste à l'Institut de Biochimie de Belleville, j'ai eu pendant 5 ans la responsabilité d'organiser, de préparer et de superviser les travaux pratiques des étudiants en médecine, en pharmacie et en biologie. Pendant cette même période, j'ai appris et mis en pratique les bases et les techniques de biologie moléculaire.

Mes connaissances d'anglais et d'allemand ayant été évaluées tout récemment, mon niveau d'anglais se situe au « English Level 5 » et, pour l'allemand, aux cours préparatoires pour le « Zertifikat Deutsch fur den Beruf ».

Participer à la recherche en écologie des plantes et à la mise au point d'expériences sur le terrain représente un nouveau défi professionnel pour lequel je suis prête à investir toutes mes compétences, mon enthousiasme et mon énergie, cela même au sein de votre unité d'écologie et d'évolution du département de Biologie.

Je serais très heureuse de vous rencontrer pour un entretien et d'approfondir avec vous, les divers aspects du poste que vous proposez.

En attendant de vos nouvelles très bientôt, je vous prie de recevoir, Monsieur le Professeur, mes salutations respectueuses.

Claude Expedite

→ **Commentaires :** n'hésitez pas à montrer votre engagement et votre enthousiasme pour le secteur.

Réussir ses lettres de motivation

Des exemples de lettres de motivation envoyées en candidature spontanée

L.O.V.E. Exemple N° 1

> Monsieur,
>
> En étudiant votre site Web, j'ai découvert que vous étiez présent dans 43 pays dans le monde. C'est la raison pour laquelle j'ai décidé de vous écrire.
>
> Mon profil est avant tout international. Mon père est de nationalité belge et ma mère chinoise. Je possède les passeports de ces deux pays.
>
> Les langues que je maîtrise et pratique parfaitement sont : le français, l'anglais et le chinois.
>
> Je détiens un diplôme de comptable.
>
> À ce jour, je possède deux expériences dans le commerce international :
> - d'une part, dans la société A B C, que j'ai introduite sur le marché chinois. Après la sélection de représentants pour les ventes aux secteurs public et privé, j'ai réussi à atteindre le chiffre d'affaires de 11 millions d'euros au bout de 4 ans ;
> - d'autre part, dans la société X Y Z (basée à Bangkok) pour laquelle j'ai développé un réseau de 11 boutiques en franchise (vêtements et accessoires). Après 7 ans, toutes ces boutiques sont opérationnelles et réalisent 37 % des ventes totales de l'entreprise.
>
> Je serais heureux de mettre mon expérience au service de votre développement. Je me permettrai de téléphoner à votre assistant pour convenir d'un entretien.
>
> Avec mes salutations les meilleures.
>
> Claude Expedite

→ **Commentaires :** faites feu de tout bois. Prouvez, non seulement que vous avez des valeurs sûres et sécurisantes mais également que vous êtes un développeur sachant prendre des risques. À noter cependant que le candidat évoque très peu la structure à laquelle il écrit : cet « oubli » peut s'avérer éliminatoire…

Annexe

L.O.V.E. Exemple N° 2

Monsieur,

Votre société possède trois caractéristiques qui m'attirent :
- taux de croissance annuel supérieur à 25 % ;
- implantation sur l'ensemble du territoire ;
- plus du tiers du chiffre d'affaires réalisé sur Internet ;

et c'est la raison pour laquelle je prends l'initiative de vous écrire.

Actuellement, à la recherche d'un emploi, je souhaite participer au développement d'une entreprise dynamique dans le domaine de la distribution.

Mon expérience à ce jour s'est déroulée dans 3 domaines extrêmement différents :
- responsabilités de nature administrative dans une société d'assurances ;
- vente de services à domicile de cosmétiques ;
- service après-vente dans l'automobile.

Je suis travailleur, m'intègre facilement à un groupe et possède l'esprit d'équipe.

Dans la mesure où je peux fonctionner sous les ordres d'un responsable hiérarchique exigeant et efficace, je suis ouvert à tout type de proposition.

Dans l'attente de vous lire, je vous prie de croire, Monsieur, l'expression de mes salutations les meilleures.

Claude Expedite

PJ : Curriculum Vitae

→ **Commentaires :** restez assez ouvert quant à vos réalisations passées. Votre destinataire ayant une vue d'ensemble sur l'entreprise, il est important, à ce stade, de ne pas trop vous enfermer.

Réussir ses lettres de motivation

L.O.V.E. Exemple N° 3

> Madame,
>
> Durant l'exposition internationale sur « Les soins de la peau », j'ai eu le plaisir de faire votre connaissance sur le stand de votre société. Vous m'avez suggéré de prendre contact avec vous et c'est l'objet de cette lettre.
>
> Comme vous me l'avez demandé je vous confirme quelques informations sur mon profil :
>
> • pendant 7 ans j'ai travaillé dans l'audit et 4 ans dans le domaine administratif ;
>
> • de formation comptable, je possède un diplôme de l'école X Y Z ;
>
> • je possède la nationalité allemande ;
>
> • je peux travailler sans aucune difficulté en langues : française, allemande et anglaise, je possède également quelques notions d'espagnol et d'italien ;
>
> • je suis très mobile géographiquement.
>
> Je serais très heureux de pouvoir vous rencontrer en vue d'envisager une collaboration au sein de votre société.
>
> En vous remerciant de l'attention que vous avez bien voulu m'accorder, je reste à votre disposition pour développer certains de ces points au cours d'un entretien.
>
> Avec mes salutations les plus sincères.
>
> Claude Expedite

→ **Commentaires** : reprenez dans votre lettre les informations que vous lui avez données lors de votre rencontre et pour lesquelles votre destinataire a montré de l'intérêt.

Limitez-vous à 5 points maximum (souvenez-vous de la maxime des grands communicateurs « Moins c'est plus »).

Annexe

L.O.V.E. Exemple N° 4

Madame,

Votre dépôt de Belleville est probablement le plus moderne de notre région. En particulier, vous utilisez des modèles ABC de palettes de la société XYZ et c'est la raison pour laquelle je vous écris.

• Je connais très bien ce matériel puisque je l'ai utilisé pendant 14 mois aux établissements DEF. Grâce à lui, j'ai réussi à réduire de plus de 20 % le temps de rangement lors des réceptions de produits frais.

• Par ailleurs, je sais réaliser des inventaires physiques et faire des réconciliations avec les stocks comptables (plus de 5 000 références aux établissements RST).

• Enfin, je suis également capable de préparer des commandes. J'ai occupé ce poste dans l'entreprise TUV (matériel sanitaire) où je pouvais traiter jusqu'à 50 clients par matinée, sans erreur de préparation.

Je me permettrai de me présenter à vous lundi prochain pour vous demander un emploi dans l'un de vos dépôts.

Avec mes respectueuses salutations.

Claude Expedite

→ **Commentaires :** argumentez point par point et mettez une touche de relief supplémentaire à votre lettre en utilisant des puces. La lecture est grandement facilitée.

L.O.V.E. Exemple N° 5

Monsieur,

Madame Francine Emploi m'a suggéré de vous écrire pour le poste de réceptionniste standardiste qui va se libérer dans votre entreprise.

Je serais ravie de pouvoir travailler dans cette fonction que j'ai tenue dans le passé dans 3 établissements différents où j'ai assumé les responsabilités ci-dessous :

Réussir ses lettres de motivation

Établissement	Caractéristiques	Responsabilités
Garage ABC	27 employés, vente de véhicules neufs et d'occasion	• Prise de rendez-vous • Planning • Renseignements divers à la clientèle
Grande surface BCD	6500 m²	• Passation de commandes • Réclamations, • Relances diverses
Hôpital CDE	Service des urgences Centrale téléphonique recevant 50 à 250 appels d'urgences par jour	• Réception des appels • Transmission, alerte • Recherche de personnes

Je me permettrai de téléphoner en début de semaine prochaine à votre assistant afin de prendre rendez-vous avec vous.

Restant à votre disposition, je vous prie de croire, Monsieur, à l'expression de mes salutations les meilleures.

Claude Expedite

→ **Commentaires :** une présentation en tableau de ce type est assez rare. Elle a pourtant le mérite d'être très rapidement lisible, convaincante et... mémorisable.

L.O.V.E. Exemple N° 6

Monsieur,

Dans le magazine Technopresse, votre entreprise est citée comme souhaitant devenir l'entreprise référence dans le domaine de la qualité des produits laitiers du Geoland. C'est la raison pour laquelle je vous écris.

Certaines de mes réalisations et qualifications dans le domaine de la qualité peuvent présenter un intérêt pour vous. Voici 3 projets sur lesquels j'ai travaillé :
• conservation du lait de lama en sac plastique sur 3 semaines (mode de conservation utilisé actuellement dans 2 pays andins) ;
• création d'un label qualité « Yaourt pour foie sensible » (utilisé par 17 entreprises et reconnu par 3 associations de consommateurs) ;
• mise au point d'une formation de vulgarisation à l'hygiène sur une chaîne d'emballage de fromages blancs (formation dispensée à 238 ouvriers spécialisés et taux de contamination en chute de 67 %).

Annexe

▸▸ *Pour des raisons d'ordre familial, je vais m'installer dans votre région et j'ai décidé d'offrir mes services à une société où la qualité est considérée comme essentielle.*

Je suis à votre disposition pour vous transmettre plus d'informations ou mieux, vous rencontrer, pour envisager les possibilités de collaboration.

Je vous prie de croire, Monsieur, à l'expression de mes salutations les meilleures.

Claude Expedite

→ **Commentaires :** l'accroche sur l'actualité de l'entreprise est un « plus ». Cela montre que vous vous intéressez au secteur, que vous vous informez régulièrement de son évolution... Autant de raisons de titiller la curiosité de votre interlocuteur. Dans la présentation du parcours, reprenez point par point vos expériences les plus pertinentes. Utilisez un style sobre et direct. Dites-leur que vous vous installez dans la région, donc si vous ne travaillez pas pour eux, vous risquez de travailler pour leur concurrent!

L.O.V.E. Exemple N° 7

Madame,

Une étude sur le succès professionnel précise que le facteur déterminant dans ce domaine est le premier boss que l'on a dans sa carrière. Or, le magazine « Buzzinaisse » vient de vous nommer LA manager de l'année 2003.

J'ai terminé mon BA de la Geoland University, ai réalisé 4 stages en entreprise (ABC Design, BCD Tricots marins, CDE Informaplus, DEF Bancaire du Textile) et démarre dans la vie professionnelle.

Vous devinez donc la raison de ma lettre.

Si vous souhaitez donner à une jeune SA chance... sachez que :

• je suis travailleuse, tenace et raisonnablement ambitieuse (j'ai financé moi-même mes études en travaillant);

• la mode (vêtements et accessoires) me passionne ;

• je parle 4 langues (français, allemand, espagnol, italien).

Je me permettrai de téléphoner à votre secrétaire pour convenir d'un entretien. Avec mes salutations les plus respectueuses.

Claude Expedite

Réussir ses lettres de motivation

→ **Commentaires :** outre l'actualité du secteur, l'actualité du destinataire de la lettre constitue également une excellente entrée en matière. Sans tomber dans la flatterie excessive ou le passage de pommade déplacé, la reconnaissance d'un mérite ou d'une compétence ne peut que faire plaisir.

L.O.V.E. Exemple N° 8

Monsieur,

Vous recherchez une secrétaire dans le domaine fiscal ? Je pense pouvoir vous offrir mes services.

Secrétaire de direction et réceptionniste auprès de l'agence « ABC » de Belleville, j'assumais environ 20 dossiers par jour pour des propriétaires de centres commerciaux, actionnaires de la société avec le dictaphone pour la correspondance courante sur le programme Softplus.

Pour le service fiduciaire, j'étais responsable de la mise en forme et de la frappe des dossiers de comptes sur Parfel ainsi que des comptes d'actionnaires pour notre société. J'ai pris l'initiative de contrôler systématiquement les paiements des factures débiteurs arrivées à échéance et de les relancer au plus vite. De ce fait, les retards dans les encaissements ont été réduits de moitié.

En tant que secrétaire de direction, je prenais note puis rédigeais les procès-verbaux des réunions de la direction. Ces derniers ont toujours été approuvés et signés sans corrections ou remarques.

Chargée de l'accueil à la clientèle et de la centrale téléphonique de l'agence, je répondais à environ 60 appels téléphoniques par jour. Mon aisance dans les contacts m'a également permis de suppléer certains de mes collaborateurs dans la conduite des visites de nos maisons à vendre. J'ai été également félicitée par mon directeur pour ma capacité à résoudre certains conflits entre locataires, concierges et propriétaires d'immeubles.

Attachée à la planification de l'emploi du temps de mon directeur, je gérais son agenda, ses rendez-vous de chantier, ses entretiens personnels avec les clients promoteurs immobiliers et les architectes. J'étais également responsable de ses rendez-vous privés.

Dans l'attente de votre réponse, je vous prie de recevoir, Monsieur, mes salutations les meilleures.

Claude Expedite

Annexe

→ **Commentaires :** si vous n'avez aucune idée sur la façon d'entamer votre lettre, jetez-vous à l'eau tout de suite. Annoncez vos cartes, mettez votre jeu sur la table en précisant l'objectif de votre lettre.

L.O.V.E. Exemple N° 9

Madame,

Votre entreprise ABC offre la possibilité de travailler le développement de logiciels : de la mise en place, de la maintenance, de l'évolution cohérente de l'architecture matérielle et logicielle des systèmes d'informations dans l'environnement UNIX. C'est pourquoi, j'aimerais vous offrir mes services en tant que programmeur de logiciels.

J'ai géré un parc d'ordinateurs et créé un menu avec le langage Pascal sur Replicasoft qui permet d'accéder sur la partie graphique ou la partie texte et donne les informations relatives à 20 postes et 3 serveurs.

J'ai créé un projet en Eiffel sur le système d'exploitation Linux, un projet du domaine bancaire qui facilite les opérations de dépôt ou de retrait d'une somme d'argent et permet au client d'obtenir les informations sur son compte. Lors d'un travail pratique, j'ai réalisé la « prority-queue » en Eiffel sur le système d'exploitation Linux, dans le domaine de transport de personnes, j'ai implanté la priorité dans une file d'attente.

Considérant que le rôle de ABC est de toujours élargir ses performances, j'aimerais mettre à disposition mes compétences, mon enthousiasme et ma passion, afin de participer activement à la restitution optimale des résultats de votre entreprise.

Je serais heureux de pouvoir reprendre ces points avec vous au cours d'un entretien et me permettrai de vous téléphoner le 13 juin, afin de fixer un rendez-vous.

Je vous prie de croire, Madame, à l'expression de ma parfaite considération.

Claude Expedite

→ **Commentaires :** si vous vous adressez à un spécialiste de votre métier, utilisez les mots techniques et le jargon de votre spécialité. Vous êtes entre personnes de la même planète !

Réussir ses lettres de motivation

L.O.V.E. Exemple N° 10

Monsieur,

En venant régulièrement dans votre magasin, j'ai constaté l'importance de l'accueil des clients et le service attentionné que vous développez.

Collaboratrice à Distributa, un grand magasin d'alimentation, j'étais responsable du rayon fruits et légumes durant 3 ans. Grâce au contrôle rigoureux de la bonne qualité des produits, j'ai contribué à augmenter le chiffre d'affaires de 10 % la deuxième année.

Quotidiennement, je servais plus de 50 clients par jour et cela en parallèle de mes tâches habituelles. Grâce à mon investissement, j'ai participé à l'augmentation du chiffre d'affaires qui est passé de XXX euros à YYY euros en 3 ans.

J'ai également travaillé dans les rayons des produits laitiers et « non food ». Par l'expérience acquise, j'ai eu la responsabilité des commandes pour les produits laitiers d'une valeur de ZZZ euros par année.

Considérant que le rôle d'un magasin d'alimentation est d'accueillir et de servir les clients dans une bonne ambiance, je mobiliserais toutes mes compétences et mon enthousiasme au service de votre entreprise et aux besoins de votre clientèle.

Je serais heureuse de pouvoir reprendre ces points avec vous au cours d'un entretien, et vous téléphonerai le 18 février afin de fixer un rendez-vous.

Je vous prie de croire, Monsieur, à l'expression de ma parfaite considération.

                                        Claude Expedite

→ **Commentaires :** faites ressortir, par les exemples utilisés et la façon de leur présenter, les traits de personnalité essentiels pour réussir dans la fonction. Ici, votre sens social et votre esprit d'initiative.

Annexe

L.O.V.E. Exemple N° 11

Monsieur,

La mission de Présence Geolandaise, c'est informer les gens, montrer la richesse et la diversité de notre pays dont les aspects originaux sont souvent mal connus. C'est dans ce sens que j'aimerais participer à cette entreprise en vous proposant mes services de collaborateur scientifique.

Assistant de projet à l'Office national de la justice, j'ai organisé un colloque international de 3 jours en collaboration avec le Conseil de l'Europe sur les technologies de l'information et le droit en Europe. Dans le cadre de ce mandat, j'étais responsable de la planification logistique et de l'information en français et en anglais pour une centaine de participants provenant de 32 pays.

Collaborateur sur mandat depuis 2002, j'assiste activement des maisons d'éditions pour lesquelles j'ai accompli toutes sortes des tâches éditoriales : sélection de textes, rédaction, correction, mise en page, conception graphique. J'ai ainsi participé à la publication de 20 ouvrages, de 4 journaux informatifs et d'un site Internet de 30 pages.

Licencié en littérature française et en histoire de l'art, j'ai écrit en 12 mois un mémoire de 300 pages sur un écrivain et diplomate du Géoland qui sera publié cet automne. Ce travail est devenu un sujet d'exposition pour la bibliothèque municipale et universitaire de Belleville pour qui j'ai élaboré un concept de 12 visuels comprenant textes et photos et 7 vitrines d'objets.

Se faire connaître, informer et susciter l'intérêt du public étranger pour le Geoland crée un échange interculturel constructif. C'est pourquoi j'aimerais mettre mes idées, compétences et enthousiasme au service de Présence Geolandaise et participer à la promotion de notre pays.

Je serais très heureux de pouvoir développer les différents points de cette lettre avec vous au cours d'un entretien et je vous téléphonerai dans la semaine du lundi 3 juillet afin de fixer un rendez-vous.

Je vous prie de recevoir, Monsieur, l'expression de mes sentiments distingués.

Claude Expedite

→ **Commentaires :** démontrez par un faisceau de 3 réalisations que vous avez le profil parfait du poste. Informez-vous sur la fonction au préalable pour bien choisir vos paragraphes.

Réussir ses lettres de motivation

L.O.V.E. Exemple N° 12

Monsieur,

Le choix d'une œuvre, ses transformations avant d'être commercialisée, sa reproduction et sa diffusion sont autant de facettes du monde éditorial. Ce sont toutes ces étapes qui aboutissent au livre en tant qu'objet qui m'intéressent particulièrement. C'est pourquoi je vous propose mes services en tant que lectrice, correctrice de votre maison d'édition.

• Rédactrice de comptes rendus de romans pour le journal « La Bellezone » à Grandeville et tout récemment pour le journal « La Presse » à Belleville, je suis passionnée de littérature et très sensible à la manière dont une œuvre est éditée et au soin apporté à sa mise en valeur.

• Titulaire d'un diplôme d'enseignante de collège, j'ai enseigné la littérature française lors de remplacements au collège Saint-Michel à Belleville. Cette expérience m'a permis de transmettre ma passion pour la lecture et les livres.

• Licenciée en littérature française et en histoire de l'art, j'ai écrit durant douze mois un mémoire interdisciplinaire consacré à un poète du XVIe siècle. J'ai suivi et corrigé par la suite les travaux de deux de mes collègues, l'un en littérature française, l'autre en histoire de l'art.

Je serais heureuse de pouvoir développer les différents points de cette lettre avec vous au cours d'un entretien. Je vous téléphonerai dans le courant de la semaine prochaine afin que nous puissions fixer un rendez-vous.

En vous remerciant de l'attention que vous accorderez à cette lettre, je vous présente, Monsieur, l'expression de mes sentiments les meilleurs.

Claude Expedite

→ **Commentaires :** n'hésitez pas à écrire, même si vous n'avez jamais occupé la fonction pour laquelle vous postulez. Démontrez simplement que vous avez eu des tâches proches de celles de la fonction visée.

L.O.V.E. Exemple N° 13

Monsieur,

Votre institution prend en charge des jeunes de tous horizons et de différentes cultures. Votre engagement à les aider, les motiver et les instruire s'accomplit également grâce à l'implication de votre personnel. Je me réjouis de vous offrir mes services d'éducateur auxiliaire.

Secrétaire syndical auprès du syndicat XYZ, j'étais responsable de la conduite et de l'organisation de notre mouvement jeunesse qui comptait environ 600 membres. La mise en place d'une série de 8 cours, dont j'étais l'animateur, m'a permis de comprendre les difficultés qu'ils rencontraient tant dans la vie professionnelle que privée.

La mise sur pied de cours et d'activités éducatives, sportives et récréatives m'a demandé beaucoup d'imagination et d'organisation. Toutes ces activités ont amené à une croissance dans la syndicalisation des jeunes de 10 % en une année.

J'ai réussi, avec la participation de notre mouvement jeunesse, à mettre en route un programme d'aide au Goeland. Ce programme continue aujourd'hui encore avec la remise en état d'un bâtiment pour la jeunesse roumaine démunie. La fin des travaux est prévue pour fin 2004.

Mon principal objectif professionnel est d'offrir mes connaissances à une équipe dynamique et motivée.

Afin de vous exposer plus en détail mes motivations lors d'un entretien, je me permettrai de vous contacter par téléphone pour fixer un rendez-vous.

Je vous prie d'accepter, Monsieur, l'assurance de mes meilleures salutations.

Claude Expedite

→ **Commentaires :** montrez, par des exemples concrets, comment vous avez su enrichir des postes. Décrivez les initiatives que vous avez prises par des résultats concrets et/ou quantifiés.

Réussir ses lettres de motivation

L.O.V.E. Exemple N° 14

Monsieur le Directeur,

Dans un domaine en constante évolution, votre entreprise fait preuve de dynamisme pour mener ses affaires sur le chemin du succès. C'est précisément ce qui me séduit et l'est pourquoi je me permets de vous adresser ma candidature pour le poste de gérant.

• Gestionnaire au service des crédits hypothécaires de la banque XYZ, j'ai participé à la reprise de la Banque de Crédit XYZ et à la fusion avec le Crédit Foncier ABC. Lors de ces opérations, j'ai participé aux choix des systèmes informatiques après les avoir analysés ainsi qu'à l'uniformisation du traitement des crédits.

• En outre, apporter des solutions novatrices et les négocier avec mes partenaires dans ce contexte difficile a développé mon esprit de synthèse et mon sens des responsabilités. Notamment lorsque j'ai réorganisé un service de 6 collaborateurs aptes à traiter intégralement des dossiers crédits de manière autonome en six mois.

• Mes talents d'organisation et de communication m'ont valu une ascension rapide au sein de la hiérarchie et m'ont permis d'exploiter pleinement mes compétences dans le domaine du management.

J'aurais beaucoup de plaisir à développer mes motivations lors d'un futur entretien. À ce sujet, je me permettrai de vous contacter le 7 octobre.

Je vous prie d'agréer, Monsieur le Directeur, mes meilleures salutations.

            Claude Expedite

→ **Commentaires :** verrouillez les choses en annonçant votre intention de leur téléphoner (le 7 octobre). Vous prouverez ainsi votre détermination.

Annexe

L.O.V.E. Exemple N° 15

Madame,

La palette de produits proposée par votre compagnie en matière d'assurance patrimoine et d'assurance vie ainsi que votre philosophie orientée sur le besoin de la clientèle attestent de la qualité de vos services. Pour y parvenir, votre activité repose sur un personnel motivé, expérimenté, assisté d'un secrétariat efficace, rapide et à jour sur les nouvelles techniques. Je me fais un plaisir de vous envoyer ma candidature pour un poste de secrétaire.

• Secrétaire auprès du Groupe Mutuel, j'indexais plus de 400 factures par jour et entretenais des contacts quotidiens avec les médecins, fournissant des renseignements sur leurs patients.

• Le poste de réceptionniste m'a permis d'informer et d'orienter les clients, aussi bien par téléphone, qu'à l'accueil. Pour des questions simples, je renseignais moi-même les clients.

• En parallèle avec mon travail habituel, j'ai réussi à mettre à jour, en moins de 2 semaines, le fichier clients. J'ai également géré la planification horaire ainsi que la caisse de la cafétéria et l'économat.

• Passionnée d'informatique, j'ai rédigé des lettres de soumissions, devis et baux à loyer sur Texta, créé une petite comptabilité sur Parfel, introduit plus de 1 000 fiches clients sur Custoplus, utilisé la messagerie sur Lelook et recherché des documentations sur Internet.

Mes objectifs professionnels sont de pouvoir m'intégrer à une équipe dynamique et motivée dont le but est la satisfaction du client et de la Direction. Afin de vous exposer plus en détail mes motivations lors d'un entretien, je me permettrai de vous contacter le 17 septembre prochain pour fixer un rendez-vous.

Je vous prie d'agréer, Madame, mes salutations distinguées.

Claude Expedite

→ **Commentaires :** sélectionnez dans vos activités passées, celles qui correspondent le plus au poste que vous visez. Pratiquez l'adéquation entre leurs besoins et vos solutions.

Présentation de l'expert

Daniel Porot est un expert internationalement reconnu en matière de gestion de carrière. Dans le domaine de la recherche d'emploi, ses techniques permettent à ceux qui les utilisent de trouver le « job de leur rêve qui leur permet de ne plus travailler jusqu'à la fin de leurs jours et... d'être payé pour le faire ! ». Le succès de cet enseignement, à la fois théorique et pratique, est tel que l'on parle aujourd'hui de la « méthode Porot ».

Il enseigne et dispense sa formation dans les plus prestigieuses universités et écoles partout dans le monde (HEC, LBS, INSEAD, Stanford, Columbia, Kellog, IMD, MBS, Wharton...).

Daniel Porot intervient dans des organisations publiques, des entreprises nationales ou multinationales. À ce jour, il a offert ses prestations dans 30 pays, au profit de plus de 70 nationalités différentes.

Il est l'auteur de plus de 20 livres sur la gestion de carrière (dont 3 best-sellers), traduits en anglais et en espagnol. Son cabinet, basé à Genève, regroupe plus de 40 consultants et sa société est l'une des plus reconnues en gestion de carrière et recherche d'emploi.

Les conseils et les techniques qu'il a mises au point ont été dispensés à plus de 60 000 personnes au cours des 30 dernières années.

Index

A
Abréviations	18
Accroche	68 (et suiv.)
Anonymat	35

C
Candidature spontanée	62 (et suiv.)
Champ de recherche	34
Clôture (de la lettre)	71
CV	73

D
Délais de réponses	38
Demande d'entretien	71
Demande d'information	51, 81
Démission (lettre)	78 (et suiv.)
Destinataire	67

E
Entretien (lettre après)	88
Entretien (lettre avant)	83
Enveloppe	14

G
Graphologie	33

I - J
Internet	74

J
Jargon	24

L
Langage	21
Lettre (après proposition d'emploi)	96
Lettre (après réponse négative)	100
Lettre (pour annoncer l'embauche)	101
Lettre dactylographiée	31
Lettre manuscrite	13, 31
L.O.V.E	65 (et suiv.), 112 (et suiv.)

M
Mail	72
Mystère	25

O - P
Objet (de la lettre)	67
Papier	13
Paragraphes	15, 23, 63, 70, 104 (et suiv.)
Petites annonces	28 (et suiv.)
- types de lettres	40 (et suiv.)
Plan	23
Portfolio	64

R
Références	91
Relances	26, 94 (et suiv.)
Réseau	80

S
Salaire	39
Sigle	18
Signature	71
Stage	82
Style	10

T
Téléphone	56
Titre (de la lettre)	68

V
Visites (à l'employeur)	57
Vocabulaire	16, 22

GROUPE EXPRESS EDITIONS

Collection **100 conseils de pros**
dirigée par Stéphane Chabenat (L'EXPRESS)
et Olivier Rollot (l'ETUDIANT)

Directrice de collection déléguée : Anne Dhoquois.

Conception graphique : Éliane Degoul, Nathalie Grisoni.

Illustration de couverture : Walter Minus.

Secrétariat de rédaction-maquette :
Françoise Granjon (première secrétaire de rédaction),
Christine Chadirac, Nathalie Grisoni, Brigitte Ourlin.

Fabrication : Sabine Enders.

© Groupe Express Éditions
14, boulevard Poissonnière
75308 Paris cedex 09

Dépôt légal : mai 2004

Imprimé en France par EMD SA
53110 Lassay-les-Châteaux

N° dossier : 12113

ISBN 2-84343-225-1

L'EXPRESS

100 conseils de pros

100 conseils de pros parce que les professionnels que nous interrogeons dans nos ouvrages sont les mieux à même de vous apporter les réponses précises aux questions que vous vous posez.

100 conseils de pros parce que vous voulez aller à l'essentiel dans des ouvrages très pratiques qui font le tour du sujet sans se disperser dans des considérations trop générales.

100 conseils de pros parce que L'Express vous livre ici toute son expertise sur l'emploi en donnant la parole à ceux qui connaissent le mieux le sujet.

- 100 conseils de pros pour réussir son CV
- 100 conseils de pros pour réussir ses entretiens d'embauche
- 100 conseils de pros pour changer de job
- 100 conseils de pros pour réussir sa lettre de motivation

À paraître :
- 100 conseils de pros pour gérer son stress
- 100 conseils de pros pour s'installer en franchise